Bernd Flessner

Fotografie:
Martin Stromann

Näher kann man Wind und Wolken nicht sein.

Norden-Norddeich

Einkaufsstadt, Nordseeheilbad und Weltnaturerbe

Verlag Soltau-Kurier-Norden

Impressum

Norden-Norddeich

Näher kann man Wind und Wolken nicht sein.

Bernd Flessner
mit Beiträgen von Johann Haddinga
Fotografie: Martin Stromann

1. Auflage 2012

ISBN 978-3-939870-63-0

Bibliografische Information der Deutschen Bibliothek:
Die Deutsche Bibliothek verzeichnet diese Publikation in der Deutschen Nationalbibliografie; detaillierte bibliografische Daten sind im Internet über http://dnb.ddb.de abrufbar.

Verlagsanschrift:
Stellmacherstraße 14, 26506 Norden
Internet: www.skn.info
E-Mail: verlag@skn.info

Lektorat: Christian Basse, Reinhard Former, Johann Haddinga

Übersetzung: Christian Basse, Charlotte Basse, Linda Fischer, Hildegard Schepker

Umschlaggestaltung und Layout:
Carina Coordes, Reinhard Former

Produktion: Reinhard Former

Grundschrift: ITC Novarese Book

Druck und Gesamtherstellung:
SKN Druck und Verlag GmbH & Co. KG

Printed in Germany

Umschlagfotos:
Titelseite: Aufziehendes Gewitter am Norddeicher Hafen, Ludgerikirche und Marktplatz Norden.
Rückseite oben: Museumseisenbahn Küstenbahn Ostfriesland, Deichmühle, Rapsblüte;
unten: Zollhaus am Norder Hafen, Arp Schnitger Orgel, Badeleben am Haus des Gastes in Norddeich.

Inhalt

Zu Recht trägt Norden den Beinamen „grünes Tor zum Meer".

It was right to name the city „The Green Gate to the Sea".

Der Marktplatz – Norden pur

Moin!
Moin!
Zwei Augenpaare. Fingerzeige.
Ein bestätigendes Nicken.

Im Schatten einer großen Linde wechseln vier Kilo Kartoffeln den Besitzer, ohne dass Verkäufer und Käufer auch nur ein überflüssiges Wort über den Vorgang verlieren. Während man Geld und Ware tauscht, wechseln Marktbeschicker und Kunde noch ein paar Worte über die stabile Wetterlage und das gute Abschneiden des FC Norden.

Besten Dank!
Tschüss!

Die Menschen kennen sich. Denn Wochenmarkt ist jeden Montag und Samstag von 8 bis 13 Uhr. Und sollte man sich nicht kennen, was bei den vielen Gästen und Touristen keine Seltenheit ist, wird man von Händlern und Nordern so behandelt, als würde man sich doch schon ein bisschen kennen. Der Wochenmarkt offeriert Heimat. Auch für Menschen, die in Norden gar nicht zu Hause sind. Vielleicht ist das der simple Grund, warum man so viele unbekannte Gesichter auf dem Wochenmarkt trifft. Eben weil hier viel mehr angeboten wird als Weißkohl und Tomaten, als Eier und Gurken. Wer also einen Ostfrieslandurlaub auf Begriffe wie „Strand" und „Nordsee" reduziert und vielleicht noch an „Wattwandern" oder „Fisch essen" denkt, der hat etwas Entscheidendes verpasst und sollte unbedingt die Urlauber auf dem Norder Wochenmarkt fragen. Sie können die Frage leicht beantworten, warum sie hier ihren Urlaub beginnen. Weil man hier Land und Leuten, weil man hier der Mentalität der Ostfriesen so nahe ist, wie in keinem Strandkorb und in keinem Restaurant.

Geschichtsträchtige Gebäude am Markt: Links die „Dree Süsters" (Drei Schwestern), rechts das Rathaus.

A history-charged photograph: on the left the „Three Sisters", on the right the City Hall.

Hier trifft man auf Originale und Charakterköpfe, auf Entertainer und Amateurphilosophen. Hier wird nicht bloß verkauft, hier wird verhandelt und gelacht, die Situation vor Ort ebenso analysiert wie die Lage der Welt. Hier werden Erfolge verkündet und Niederlagen für nicht so tragisch erklärt. Sogar der Nachruf auf einen, den man nun nicht mehr auf dem Markt treffen kann, wird hier zum Bekenntnis für das Leben. Denn das Leben geht weiter. Sichtbar und spürbar allein schon am Wochenmarkt, der selbst eine Metapher, ein Sinnbild für das Leben ist.

Für die Norder ist der Wochenmarkt ein Treffpunkt, wie ihn nur wenige Städte dieser Größe besitzen. Der Marktplatz der nordwestlichsten Stadt Deutschlands mit seinen 25.100 Einwohnern ist genau 6,678 Hektar groß. Platz genug für viele Marktstände, aber auch für Maler und Fotografen, die die einmalige Atmosphäre der Marktage immer wieder in Bildern festhalten. Einer der bekanntesten ist der Österreicher Emil Rizek (1901–1988), der mit seiner Staffelei oft auf dem Markt anzutreffen war. Als Kriegsgefangener hatten ihn die Briten 1946 nach Lütetsburg verfrachtet, wodurch er Norden und Ostfriesland kennenlernte. Jahrzehntelang war er somit selbst Teil des bunten Treibens auf dem Marktplatz. Er gehörte schnell dazu, so wie seine Bilder heute zu Norden gehören.

Besonders bunt wird es ab Donerstag vor Pfingsten, wenn sechs Tage lang der Pfingstmarkt den Marktplatz beherrscht. Und wenn am dritten Wochenende im Oktober auf dem Beestmarkt neben Schaustellern auch Viehhändler anreisen, um Pferde, Ponys, Enten, Hühner und andere Tiere anzubieten. (Beest ist das ostfriesische Wort für Rind.) Und seit vielen Jahren ist vor allem der Markt der Schauplatz des jeweils Ende Augst veranstalteten Norder Stadtfestes. Die beiden Märkte finden wahrscheinlich schon seit dem Mittelalter statt. Ihre Entstehung verliert sich im Dunkel der Geschichte. Der Pfingstmarkt wird erstmals in einem Dokument aus dem Jahr 1598 erwähnt. Beide

Bürgerhäuser am Markt, darunter auch das Tee-Museum.

A typical house for the middle class, the Tea Museum has been moved into one of them.

Der Markt von Westen her gesehen. Zentrales Gebäude ist die Ludgerikirche, mit deren Bau im 13. Jahrhundert begonnen wurde.

The Marketplace from the west side. The central building is the church „Ludgerikirche", which had been started building in the 13th century.

„Norden ist mir in 37 Jahren
zur Heimat geworden.
Meine Kinder konnten hier
unbekümmert groß werden.
Ich liebe die Landschaft,
das Meer, die Weite des Himmels
und die blühenden Rapsfelder
ebenso wie die Ludgerikirche.
Norden, das ist Zuhause."

Barbara Schlag,
1998 erstmals zur Bürgermeisterin
der Stadt Norden gewählt.

traditionsreichen Märkte haben aber mit Sicherheit von der attraktiven Größe des Marktplatzes und der guten Anbindung an die ostfriesischen Wasserstraßen, die Tiefs, profitiert. Seehafenstadt war Norden ohnehin über Jahrhunderte. Auch führten schon im Mittelalter Wege von Bremen und entlang der Ems nach Norden, das eine Art Endpunkt und Zentrum zugleich bildete.

Von der Insel zur Siedlung

Zu verdanken haben die Norder ihre Stadt und ihren einmaligen Marktplatz dem letzten Eiszeitalter, das vor 2,5 Millionen Jahren beginnt und vor 10.000 Jahren endet. Gigantische Gletscher schieben sich immer wieder von der Arktis her Richtung Süden und befördern dabei Sand, Lehm und Geröll aus Skandinavien nach Norddeutschland. Nach dem Ende der Eiszeit bearbeiten Wind und Wetter den neuen Boden, bevor er von Wäldern bedeckt wird, vor allem von Eichenmischwäldern. Noch reicht das Festland bis weit in die Nordsee hinein. Doch die schmelzenden Gletscher lassen den Meeresspiegel kontinuierlich ansteigen. Britannien wird zur Insel, die Themse ist nicht mehr länger Nebenfluss des Rheins, die Küstenlinie verschiebt sich stetig nach Süden und erreicht schließlich ungefähr die heutige Position.

Ab etwa 3000 v. Chr. besiedeln Steinzeitbauern die noch junge und unruhige Küste, betreiben Wald-

Das Norder Tief verbindet den Norder Hafen mit Leybuchtsiel.

The canal „Norder Tief" connects Norden harbour with the bay Leybuchtsiel.

weide und Ackerbau. Die Eichenwälder werden gerodet, der ursprünglich fruchtbare Boden laugt aus, Heidelandschaften breiten sich aus. Im Mittelalter verschwinden die letzten Eichenwälder, aus der Naturlandschaft entsteht endgültig eine Kulturlandschaft. Ab dem 10. Jahrhundert wird auf dem immer unfruchtbareren Geestboden die Plaggenwirtschaft eingeführt. Auf ungenutzten Flächen werden rechteckige, etwa sechs Zentimeter dicke Stücke gestochen, die als Streu in Ställen und Dünger für den Ackerbau dienen. Unter den abgetragenen Flächen kommt Sand zum Vorschein, der vom Wind zu Dünen aufgehäuft und bis in die Dörfer getragen wird.

Weht der Wind aus nördlichen Richtungen, dringt die Flut bis weit ins Binnenland hinein. Die regelmäßig überfluteten Küstengebiete bilden die Marsch, die im Gegensatz zur Geest sehr fruchtbar ist, aber eben auch von der Nordsee beansprucht wird. Nutzen können die Ostfriesen die Marsch lange Zeit nur, wenn sie ihre kleinen Dörfer auf Warfen errichten - künstlichen Hügeln, die bei höheren Fluten wie Inseln aus dem Wasser ragen. Höheren Sturmfluten sind auch die Warfen nicht gewachsen. Sicher ist man nur weit im Binnenland auf der höher gelegenen Geest. Es sei denn, man siedelt auf einer nahe an der Küste gelegenen Geestinsel, die wie ein Hügel aus der Marsch herausragt. Und genau das tun die ersten Norder. Sie nutzen die natürlichen Gegebenheiten, um die Sicherheit der Geest mit der Fruchtbarkeit des umliegenden Marschlandes zu verbinden.

Wann genau erstmals Menschen auf dem Hügel siedeln, der geologisch betrachtet, der nördlichen Spitze des oldenburgisch-ostfriesischen Geestrückens darstellt, ist bis heute unbekannt. Erschwerend kommt hinzu, dass Ostfriesland nicht kontinuierlich bewohnt ist. Verheerende Sturmfluten, Wanderbewegungen, Seuchen und Einfälle anderer Völker sorgen für eine wechselvolle Besiedlungsgeschichte. Doch irgendwann im frühen Mittelalter, etwa ab dem 6. Jahrhundert, setzen sich die Siedler endgültig fest und werden zu Nordern. Sie handeln mit Vieh und mit Salz, das sie aus Salztorf gewinnen. Muschelkalk und Getreide wird ebenfalls angeboten. Wie die wachsende Siedlung auf dem Sandhügel allerdings zu dieser Zeit heißt, ist ein weiteres Geheimnis der Stadtgeschichte. Viele Namen aus unterschiedlichen Quellen werden gehandelt oder sollen Pate gestanden haben, wie etwa Nordhunwig, Norditi oder der Gau Nordendi. Welcher Möglichkeit Historiker auch immer den Vorzug geben, eines ist allen Angeboten gemein, denn immer ist der Norden als Himmelsrichtung fester Bestandteil der Namen. Immer ist der Norden als Orientierungs- und Lokalisierungshinweis enthalten. Was letztendlich bedeutet, dass der Name der Stadt, die nördlich anderer Städte wie Bremen, Hamburg, Emden oder Oldenburg liegt, nicht interpretiert zu werden braucht. Denn dass auch er sich auf die Himmelsrichtung bezieht, ist allzu offensichtlich.

Eine Lahnung schiebt sich bei Norddeich ins Wattenmeer.

A groyne into the Wadden Sea at Norddeich beach.

Queller ist eine der wichtigen Pionierpflanzen im Wattenmeer.

„Queller" is one of the most important pioneer plants of the Wadden Sea.

Das „Alte Zollhaus“ am Norder Hafen wird heute als Restaurant und Wohnkomplex genutzt.

The Old Tollhouse at the Norder Tief has become a restaurant and guesthouse.

Norden wird zur Stadt

So schön und sicher die Insellage ist, die Norder blicken immer auf das fruchtbare Umland, auf die Marsch, die regelmäßig vom Meer überflutet wird. Plaggenwirtschaft ist hier nicht notwendig, was man hier anbaut, wächst von selbst. Allerdings ist das Salzwasser Gift für Roggen und andere Kulturpflanzen. Neben der begrenzten Möglichkeit, Marschland aufzuschütten, beginnen die Norder, kleine Gebiete einzudeichen. Mit Ringdeichen vergrößern auch die Warfendörfer in der Krummhörn ihr nutzbares Terrain. Etwa ab dem Jahr 1000 beginnen schließlich Dörfer und Städte, diese Ringdeiche und separat eingedeichten Flächen durch eine zusammenhängende Deichlinie zu verbinden. Zunächst trotzen die noch niedrigen Erdwälle nur in den Sommermonaten der Nordsee, erst ihre schrittweise Erhöhung macht Ostfriesland im Laufe von Jahrhunderten zu dem, was es heute ist.

Norden jedoch kann dank der Geestlage und der ersten Deiche wachsen und sich wirtschaftlich entwickeln. Einzelhöfe und Siedlungen im Umland ergänzen den Einflussbereich, der im späten Mittelalter zu einer weitgehend unabhängigen Landesgemeinde wird, dem Norderland, das im Süden ans Brookmerland grenzt und im Osten ans Harlingerland. Die genossenschaftliche Verwaltung der Bauern und Bürger bedeutet einen Zuwachs an Wirtschaftskraft und Macht, der auch in diversen Bauten seinen Ausdruck findet. Bereits im 10. Jahrhundert wird die hölzerne Andreaskirche auf dem Stadthügel errichtet, ziemlich genau in der Mitte des heutigen Alten Friedhofs. Sie steht gut 200 Jahre, bevor sie im 12. Jahrhundert durch einen Neubau ersetzt wird. Im 13. Jahrhundert erhält die neue Andreaskirche ihren Westturm, der die Stadt weithin sichtbar überragt und zu einem wichtigen Seezeichen wird. Als Balthasar von Esens, ein gefürchteter Häuptling und Seeräuber, Norden 1531 überfällt, wird die Kirche schwer beschädigt und verfällt langsam zur Ruine, die schließlich 1756 abgerissen wird. An die Kirche erinnert heute nach das Stadtwappen, das den Apostel Andreas vor einem Andreaskreuz zeigt.

Im 13. Jahrhundert wird im Auftrag der Norder Landesgemeinde mit dem Bau der Ludgerikirche begonnen, die nach der Zerstörung der Andreaskirche das Zentrum Nordens beherrscht.

Etwa zur selben Zeit entstehen auch zwei Klöster, das Benediktinerkloster Marienthal am Zingel und das Dominikanerkloster am Fräuleinshof.

Im Benediktinerkloster treffen sich am 21. April 1255 Kirchenvertreter, Ratsherren und Gesandte aus dem Emsigerland und der Stadt Bremen, um einen Vertrag zur Sicherung des Friedens zu unterzeichnen. Für Norden ist dieses Dokument von besonderer Bedeutung, denn wie jeder Vertrag enthält es eine Orts- und Datumsangabe, in diesem Fall: „Datum in Norda, anno Domini M° CC° LV°“ Zum ersten Mal taucht also der Ortsname Norden auf. Es ist keineswegs das Datum der Stadtgründung, wie gelegentlich behauptet wird, sondern lediglich der erste schriftliche Beleg für den Namen der Stadt. Die Norder nutzen das Datum indes selbstbewusst für ihre Stadtjubiläen. So wird 2005 mit großem Aufwand eine 750-Jahr-Feier veranstaltet, obwohl der Ort wesentlich älter ist. Andererseits braucht man für derartige Anlässe nun einmal Schriftliches.

Sturmfluten schaffen einen Hafen

Im 13. und 14. Jahrhundert bedrängt die langsam steigende Nordsee verstärkt die Küste, als wolle sie die Eindeichungen rückgängig machen. Dabei vergrößern Sturmfluten die im Jahre 838 entstandene, aber noch nicht tief ins Binnenland reichende Leybucht. Die Zweite Marcellusflut (15. bis 17. Januar 1362) und vor allem die Erste Dionysiusflut (8. bis 9. Oktober 1374) fordern nicht nur Tausende von Menschenleben, sondern lassen das Wattenmeer bis nach Marienhafe und Norden vorrücken.

Eine Tragödie für das Norderland. Eine Katastrophe, die die Norder als Chance verstehen. Sie nutzen den von der Natur geschenkten Zugang zur See zum Bau eines Hafens, der sich schnell zum bedeutenden Umschlagplatz entwickelt. Pferde und Rinder, Butter und Käse aus Norden werden zu einem Exportschlager. Besonders begehrt ist jedoch das Salz, das nach wie vor aus Torfsalz gewonnen wird. Abgebaut wird der salzhaltige Torf untergegangener Moore im Deichvorland und auf der Marschinsel Bant. Anschließend wird der Torf verbrannt und die Asche mit Meerwasser vermischt, gereinigt und erneut getrocknet. Dass der Abbau den Küstenschutz wortwörtlich untergräbt, wird dabei lange Zeit übersehen.

Die Norder Handelsschiffe aber laufen bald Hamburg, Danzig und sogar Riga und Nowgorod an. Der wirtschaftliche Erfolg lässt die kleine Stadt weiter wachsen. Zwischen dem Geesthügel und dem südöstlich gelegenen Hafen entsteht ein neues Siedlungsgebiet. Auch politische Veränderungen bleiben nicht aus. Die Landesgemeinden lösen sich auf, während einflussreiche Bauernfamilien die Macht übernehmen und Häuptlingsdynastien gründen. Die Idzingas, tom Brooks, Manningas und Cirksenas prägen nun für lange Zeit das Schicksal Ostfrieslands, wobei sich die Cirksenas als besonders erfolgreich erwiesen und Norden dominieren. Machtkämpfe und Fehden

Norddeich vom Wattenmeer aus gesehen. Seezeichen markieren die Einfahrt zum Hafen.

Norddeich seen from of the Wadden Sea, Sea marks indicate the gateway to the harbour.

bleiben dabei nicht aus, wie eben jener zwischen den Cirksenas und Balthasar von Esens, der zur Zerstörung der Andreaskirche und anderer großer Stadtgebäude wie zum Beispiel dem alten Rathaus führt. Norden übersteht die Fehden und gewinnt weiter an Einfluss. Auch der Siedlungsbereich dehnt sich weiter aus. Daran können selbst weitere Sturmfluten und sogar die Pest nichts ändern. Nicht einmal der für Mitteleuropa so verheerende Dreißigjährige Krieg (1618–1648) zwingt die Norder in die Knie.

Über Jahrhunderte herrschen die zu Fürsten aufgestiegenen Cirksenas in Norden und Ostfriesland. Ihre Macht endet jedoch abrupt im 18. Jahrhundert, als der notwendige männliche Erbe ausbleibt und mit Carl Friedrich der letzte Fürst 1744 stirbt. Ostfriesland fällt an das Königreich Preußen. Gleich zweimal, nämlich 1751 und 1755, besucht Friedrich II. Ostfriesland und sorgt ebenso für die Einrichtung einer Feuerversicherung wie für die Schaffung des Emder Freihafens. Auch Norden profitiert, etwa durch die Förderung der Kolonisation der Moorgebiete und der Gründung Berumerfehns. Die Versorgung Nordens mit Torf als wichtigem Energieträger wird so erheblich verbessert und unabhängig von Einfuhren aus Groningen und dem Saterland. Die Zahl der Handwerksbetriebe steigt, zu denen rund 40 Silberschmieden zählen, deren Produkte auch außerhalb Ostfrieslands sehr begehrt sind. Mit Hilfe von mehreren Eindeichungen werden im 18. Jahrhundert viele Landflächen gewonnen, die sich die Nordsee 400 Jahre zuvor genommen hatte. Der Hafen entfernt sich dadurch allmählich vom Meer und verliert an Bedeutung. Endgültig verloren ist nach der Weihnachtsflut von 1717 die Ortschaft Itzendorf nördlich der Stadt. Um die Sicherheit der Küste zu gewährleisten, werden die Reste des Dorfes ausgedeicht. Neben der Sturmflut ist der Salztorfabbau schuld, der immer größere Löcher im Deichvorland hinterlassen hat.

Für die Bahn ist Norddeich-Mole Endstation. Mit der Fähre geht es weiter nach Norderney und Juist.

The trains' final destination is Norddeich-Mole, the ferries bring the passengers to Norderney and Juist.

Ebbe und Flut, eine klare Horizontlinie und ein gigantischer Himmel sind typisch für die ostfriesische Küste.

High and low tide, a sharp horizon and a spectacular sky are typical for the East Frisian coast.

Im Winter verwandelt sich das Wattenmeer in eine exotische Landschaft aus Schnee, Eis und mäandernden Prielen.

In the winter, the Wadden sea gets an exotic shape formed by snow, ice and tidal creeks.

Norden wird modern

Im 19. Jahrhundert erreicht die Industrielle Revolution auch Norden, und zwar auf dem Landweg, denn ab 1849 verbindet eine gut befahrbare Landstraße die Stadt mit Emden und Aurich. Größere Maschinen können nun leichter nach Norden transportiert werden, etwa die Brennereianlagen für die Kornbrennerei Doornkaat, die 1806 gegründet wird und bis 1994 weltberühmte Schnäpse in Norden herstellt. Doornkaat ist über ein Jahrhundert die beherrschende Firma in der Stadt. Nach dem Zweiten Weltkrieg erreicht das Unternehmen in den 1960er Jahren seinen wirtschaftlichen Höhepunkt. Fast ein Viertel der gesamten europäischen Kornproduktion kommt aus Norden. In den 1980ern leidet Doornkaat unter Nachfolgeschwierigkeiten. Vielfach wechselndes Management, mehrfache Erhöhungen der Branntweinsteuer und der wechselnde Zeitgeschmack weg vom harten Kornbrand beenden die Firmengeschichte in Norden. Doornkaat wird von der Brennerei Berentzen in Haselünne gekauft. Die Produktion in der Küstenstadt wird komplett eingestellt. Heute erinnert noch ein Denkmal mit einer sieben Meter hohen Doornkaatflasche am südlichen Anfang des Neuen Weges an die ehemals weltberühmte Firma.

1840 wird die Leih- und Sparcasse gegründet. Nachfolger ist heute die Sparkasse Aurich-Norden, die das Innenstadtbild mit ihrer klassizistischen Backsteinfassade des „Löwenhauses" im Neuen Weg 45 prägt. 1848 wird die Norder Eisenhütte gegründet und somit einer von jenen Betrieben, die man sofort mit der Industriellen Revolution in Verbindung bringt. Wegbereiter im Umgang mit mechanischen Produktionsabläufen sind übrigens die Windmüh-

Das „Vossenhus" stand schon kurz vor dem Abriss und ist heute ein Schmuckstück.

The „Vossenhus" has nearly been demolished, today it is a very valuable building for the city library.

len, von denen die Stadt und die nähere Umgebung gleich 13 besitzen. Sie beherrschen lange Zeit neben der Ludgerikirche die Skyline. 1861 erhalt Diedrich Gerhard Soltau (geb. 30. 11. 1836 – gest. 13. 3. 1894) die Gewerbeerlaubnis für den Betrieb eines Buchhandels und einer Druckerei. Am 2. 7. 1867 erscheint erstmals der „Ostfriesische Courier" (ab 1914 Kurier). Es ist nicht die einzige Zeitung, die in Norden gedruckt wird, jedoch die einzige von Bestand. Im Juni 1868 folgt die Gründung der Norderneyer Badezeitung. Heute ist die Nachfolgefirma SKN Druck und Verlag GmbH & Co. KG der größte private Arbeitgeber in Norden. SKN betreibt heute eine sehr große Rollenoffsetdruckerei, den lokalen Tageszeitungsverlag, einen Telefonbuchverlag und einen Publikumsverlag (Ostfriesland Magazin), in dem auch dieses Buch erscheint.

Zu den ersten Betrieben des 19. Jahrhunderts zählen auch eine Schokoladenfabrik (Heddinga) eine Maschinenfabrik (Döpke) sowie eine Tabak-Verarbeitung Steinbömer & Lubinus. Diese Betriebe, die den Wandel der Epoche bezeugen, sind bis auf die Maschinenfabrik Döpke heute nicht mehr existent. In kleineren Betrieben wurden damals Zucker, Essig, Senf und Zigorienkaffee hergestellt oder verarbeitet. Nicht vergessen werden darf die Teefirma Onno Behrends von 1887, die bis heute existiert.

Das bekannteste Sinnbild der Industriellen Revolution aber ist neben der Dampfmaschine die Eisenbahn, die im Juni 1883 Norden erreicht. Drei Jahre später prägt der Germanist Eugen Wolff das Substantiv „die Moderne", in der Norden nun angekommen ist. Fehlt nur noch die Weiterführung der Bahnlinie nach Norddeich, was 1892 nachgeholt wird. Die Züge halten jetzt an einer neuen Hafenmole, die mit dem Vorgänger, letztendlich einem einfachen Anleger, kaum etwas gemein hat. Juist und Norderney rücken näher an die Stadt heran. Das kommt nicht nur einer einfacheren Versorgung

Statt Autos bestimmen moderne Fußgängerzonen die Innenstadt.

Downtown there has been created a useful pedestrian area instead of car traffic.

Das „Norder Tor" prägt seit 2012 den sogenannten Südeingang der Stadt.
The Shopping Mall „Norder Tor" has become the gateway to Norden in 2012.

der Inseln zu Gute, sondern auch dem Tourismus. Denn Badebetrieb, noch dazu einen medizinisch induzierten, gibt es bereits seit 1797 auf Norderney.

Endlich können die Heilung und Entspannung Suchenden per Bahn anreisen und können einfach und bequem auf das Dampfschiff umsteigen, das seit 1872 im Einsatz ist. Von Berlin aus ist Norderney in nur 15 Stunden zu erreichen. Auch das ist die Moderne, die nun nicht nur für Juist und Norderney eine neue ökonomische Perspektive eröffnet, nämlich den Tourismus, sondern auch für die Stadt und das Norderland. Noch dauert es allerdings etliche Jahrzehnte, bis eine umfassende touristische Infrastruktur geschaffen ist. Die ersten Schritte aber sind gemacht.

Ganz andere Schritte leiten 1905 die Reichsmarie und die Reichspost ein, die zur Errichtung einer Küstenfunkstelle in Westermarsch bei Norddeich führen. Als „Norddeich Radio" wird die Anlage mit ihren riesigen Antennenmasten schnell an der Küste und im gesamten Reichsgebiet bekannt. Auch die ersten Autos fahren nun in Norden, obwohl Pferdewagen noch lange Zeit das wichtigste Transportmittel bleiben. Und verlorene Hufnägel der größte Widersacher der Autofahrer sind, die Profis im Reifenflicken sein müssen. Die Bevölkerung wächst kontinuierlich. 1910 hat Norden rund 6900 Einwohner, die ab dem 21. Dezember 1912 auch erstmals in ihrer Stadt ins Kino gehen können. Unmittelbar vor dem Ersten Weltkriegs beginnen die Stadtwerke mit der Verlegung der Kabel für eine Stromversorgung. Moderne, wohin das Auge blickt. „Modern" geführt wird jedoch auch besagter Weltkrieg, in dem von 1914 bis 1918 viele Norder ihr Leben lassen.

Noch vor Kriegsende wird 1917 aus zwei Vorgängerbetrieben die Aktiengesellschaft Reederei Norden-Frisia gegründet und somit der Fährbetrieb nach Norderney professionalisiert. Die Destination Juist wird 1920 in das Unternehmen aufgenommen. Heute ist die Reederei Norden-Frisia mit modernen

Fährterminals in Norddeich und auf den Inseln, einem umfangreichen Parkplatzbetrieb, dem Flugplatz Norddeich, Aktivitäten in der Offshore-Versorgung und weiteren Beteiligungen eine der wesentlichen Stützen der Norder Wirtschaft. Die Nordsee bestimmt auch auf andere Weise weiterhin die Geschichte der Stadt, denn sie lässt nach jeder Flut Sedimente zurück. Das Wattenmeer kennt keinen Stillstand, sondern nur den stetigen Wandel. In der 1920er Jahren verschlickt das Norder Außentief derart, dass es kaum noch befahrbar ist. Die östliche Leybucht verlandet. Da der Norder Hafen schon lange nicht mehr ein wirtschaftliches Zentrum ist, wird er zu einem Binnenhafen, was seiner Schließung gleichkommt. Das Außentief wird ab 1929 durch die neue Sielanlage in Leybuchtsiel von den Gezeiten getrennt. Wieder verstehen es die Norder, diesen Verlust als Chance zu verstehen, indem nun die Bedeutung des Hafens in Norddeich steigt.

Traditionspflege und Moderne ergänzen sich in Norden ganz selbstverständlich.

Tradition and today's lifestyle accomplish each other in the city of Norden.

Das Kunsthaus Norden an der Große Neustraße 13 ist ein Baudenkmal aus dem 16. Jahrhundert. Seit 1995 finden hier Ausstellungen statt.

The Kunsthaus Norden (Große Neustraße 13) is a monument from the 16th century. Since 1995 exhibitions are on display here.

Eine Gedenkstätte erinnert im Synagogenweg an die 1938 zerstörte Synagoge.
A memorial place reminds of the synagogue destruction in 1938.

Zweiter Weltkrieg und Wirtschaftswunder

Trotz Wirtschaftskrisen und zeitweise hoher Arbeitslosigkeit herrscht in Norddeich und auf Norderney jeden Sommer in den 1920er Jahren ein munteres Badeleben. Zu Beginn der 1930er Jahre weichen die „goldenen Zwanziger" auch in Ostfriesland der dunklen Ära des Nationalsozialismus. In Norden werden Linke und Juden verhaftet, vertrieben und ermordet. Im Laufe der Novemberpogrome 1938 geht die Synagoge in Flammen auf. Gehören 1925 der Jüdischen Gemeinde in Norden 231 Bürger an, schrumpft deren Zahl bis 1940 auf elf. Rund die Hälfte der Norder Juden wird von den Nationalsozialisten ermordet. An die Jüdische Gemeinde erinnert seit 1987 eine Gedenkstätte im Synagogenweg. Dort wurden die Fundamente der Synagoge freigelegt. Andere Gebäude der Jüdischen Gemeinde sind erhalten geblieben und liegen in unmittelbarer Umgebung. Außerdem erinnert ein Mahnmal auf dem jüdischen Friedhof an die Norder Juden und ihr Schicksal. Die Norderneyer Synagoge wird nur verschont, weil sie nicht mehr als jüdisches Gotteshaus genutzt wird, sondern als Lagerraum dient.

Das Schicksal der Stadt Emden, die weitgehend durch Bombenangriffe zerstört wird, ereilt das militärisch unbedeutende Norden nicht. Die wenigen Bomben, die im Stadtgebiet fallen, richten nur wenig Schaden an. Rein äußerlich übersteht die Stadt die Zeit des Nationalsozialismus also gut. Der innere, der gesellschaftliche Schaden, ist indes so groß wie auch andernorts.

Das restaurierte Packhaus in der Heringstraße erinnert an die Vergangenheit als Handelszentrum.

The restored „packhouse" tells from former trading.

Das Fridericus Siel verbindet das Addinggaster Tief und den Ringschloot mit dem Norder Tief.

The Fridericus Siel connects the Addingaster Tief and the Ringschloot with the Norder Tief.

Ein rundes Oberlichtfenster sorgte früher für Licht im Eingangsbereich.

A round window is a typical way to bring light into the hallway.

Kaum ist das Schlimmste überstanden, treffen zahlreiche Flüchtlinge und Vertriebene aus den ehemaligen Ostgebieten in Ostfriesland ein, von denen rund 1200 in Tidofeld in Militärbaracken eine erste Unterkunft finden. Insgesamt werden etwa 17.000 Vertriebene im gesamten Landkreis Norden gezählt, von denen viele bleiben und Teil der Bevölkerung Nordens und des Norderlands werden. Mit der Währungsreform von 1948 beginnt zaghaft das sogenannte Wirtschaftswunder, das in Ostfriesland etwas bescheidener ausfällt als in der übrigen Bundesrepublik. Die Randlage auf der ostfriesischen Halbinsel bleibt nicht ohne Folgen. Andererseits wird faktisch die gesamte Stadt in den 1950er und 1960er Jahren in einem bislang unbekannten Ausmaß modernisiert, angefangen beim Straßenbau und bei der Kanalisation. Aber auch öffentliche Gebäude wie Schulen und Behörden werden saniert oder neu errichtet. Bis 1. Juli 1972 werden Süderneuland I und II, Neuwesteel, Leybuchtpolder, Westermarsch I und II, Lintelermarsch mit Norddeich, Ostermarsch und Bargebur eingemeindet und zählen seither zum Stadtgebiet. Tidofeld war bereits 1952 eingemeindet worden. In den 1970er Jahren steigt entsprechend die Einwohnerzahl der nunmehr 106 Quadratkilometer großen Stadt auf 25 000. Ein Dämpfer für die Norder ist 1977 die vom Niedersächsischen Landtag verordnete Kreisreform, die die bisherigen Kreise Norden und Aurich zum Großkreis Aurich vereinigt. Als äußeres Anzeichen verlieren die Norder nicht nur den Kreissitz, sondern auch das bekannte Autokennzeichen NOR. Dieses soll, wie andere ehemalige Autokennzeichen, allerdings ab 2013 wieder verfügbar werden. Die Wirtschaftsentwicklung Nordens verläuft sehr wechselhaft. Während klassische Produktionsbetriebe wie der Büromaschinenhersteller Olympia (1991) oder die Brennerei Doornkaat (1994) schließen müssen, finden viele Norder Arbeit beim Volkswagenwerk in Emden. In der benachbarten Seehafenstadt wurde ab 1964 für den Amerika-Export der VW-Käfer gebaut. Heute ist Emden das weltweit zuständige Leitwerk für die Passat-Produktion. Werkführungen sind bei Ostfrieslandtouristen beliebt.

In den 1980er Jahren wird das südlich gelegene Norder Gewerbegebiet Leegemoor erschlossen. Heute sind hier rund 100 Firmen mit 2000 Beschäftigten tätig. Größte Arbeitgeber sind SKN Druck und Verlag GmbH & Co. KG (Druck und Verlagserzeugnisse), Doepke Schaltgeräte GmbH & Co. KG (elektronische Fehlerschutzstromschalter), Norder Bandstahl GmbH & Co. KG (Stahlverarbeitung, Stahlspaltung), Döpke Maschinenbau GmbH & Co.KG (Nassbagger), Spedition Wiards, Spedition Stute, Baustoffhandlung Siebels, Holzland Hagen, Behindertenhilfe Norden und andere. Auch im Gewerbegebiet Leegemoor gibt es Besichtigungen in verschiedenen Firmen.

Im Gegensatz zu den alten Sieldörfern ist Norddeich ein moderner Touristenort.

Contrary to the rest of the villages at the coast, Norddeich has become a modern tourist city.

Ausgezeichnet als Nordseeheilbad

1979 erhält die Küstenstadt den Status des staatlich anerkannten Nordseebades – seit dem 26. 3. 2010 darf die Stadt den noch höherwertigeren Titel „Nordseeheilbad" führen. Die Auszeichnung symbolisiert die touristisch bestimmende wirtschaftliche Ausrichtung der Stadt. Der Tourismus ist in Norden seit 1979 eine Erfolgsgeschichte. Das liegt keineswegs nur am allgemeinen Trend oder an der Nordsee, deren deutsche Küste immerhin 1155 Kilometer lang ist. Nicht jeder Ort an dieser Küste ist nämlich das Ziel von Urlaubern, sondern nur ganz bestimmte Dörfer und Städte. Denn um als Reiseziel zu dienen, braucht man etwas, was sich weder herstellen noch kaufen lässt: Flair.

Das Flair Nordens resultiert aus seiner Geschichte und seiner Gegenwart. Beides findet man auf dem Marktplatz. Er ist historisches, gesellschaftliches, politisches und touristisches Zentrum in einem. Nicht zu vergessen dabei ist die Ludgerikirche.

Die restaurierte Ludgerikirche steht auf der höchsten Erhebung Nordens.

The restored Ludgerikirche had been built at the highest place of the area; the city was built around the church.

Kirchen am Markt

Die Ludgerikirche thront auf der Mitte des Geesthügels, der an seiner höchsten Stelle 9,7 Meter über NN liegt. Sie ist nicht nur die größte mittelalterliche Kirche Ostfrieslands, sie genießt auch den Ruf, die prächtigste Kirche der Region zu sein. Was nicht zuletzt auch an ihrem Standort liegt. Werden andere Kirche von Häusern bedrängt, wie in Städten allgemein üblich, so steht die Ludgerkirche weitgehend frei auf dem Marktplatz. Frei steht auch der Glockenturm aus dem frühen 14. Jahrhundert, dessen Glockenspiel viermal am Tag zu hören ist. Das Langschiff der Kirche stammt aus dem frühen 13. Jahrhundert, das Querschiff wird 1445 fertig gestellt, der alles überragende Hochchor folgt rund zehn Jahre später. Natürlich erfährt der Bau innen und außen immer Veränderungen, von denen die 1712 von Redolph Garrelts geschnitzte Barockkanzel wohl die bekannteste ist. Ihr Figurenschmuck erzählt die Heilsgeschichte. Die sofort ins Auge fallenden Kronleuchter aus Messing werden ab 1643 angefertigt.

Das Ohr wiederum wird von der Orgel der Ludgerikirche magisch angezogen. Sie stammt aus der Werkstatt des berühmten Hamburger Orgelbauers Arp Schnitger, der von 1686 bis 1692 an dem international bekannten Instrument arbeitet. Die größte Orgel Ostfrieslands besitzt 3110 Pfeifen, 5 Werke und 46 Register. Die regelmäßig stattfindenden Konzerte bekannter Organisten sind fester Bestandteil des umfangreichen Norder Kulturangebotes. Nördlich der Ludgerikirche befindet sich der parkähnliche **Alte Friedhof**, der bis 1897 genutzt

Die Ludgerikirche in weihnachtlichem Glanz.

Christmas time at the Ludgerikirche.

Das Gestühl entstand nach der Reformation.
This antique furniture was made after the Protestant Reformation.

Die Kanzel von 1712 weist sechs Figuren auf, von denen eine Martin Luther zeigt.
The pulpit was build in 1972, it shows six figures, one of them is Martin Luther.

wurde. Auf der Grünanlage im Herzen der Stadt stand einst die Andreaskirche. Heute beherrschen große Bäume und einige alte Grabsteine den Friedhof. Besucher schätzen vor allem die entspannte Atmosphäre und den einmaligen Blick auf die freistehende Ludgerikirche. Als kleine Attraktion gilt der sagenumwobene „Warzenstein", ein großer Findling, der eine Vertiefung aufweist, in der sich Regenwasser ansammelt. Die Vertiefung soll der Bremer Bischof Rimbert im Jahr 884 hinterlassen haben, als er auf dem Stein für den Sieg der Friesen während der berühmten Normannenschlacht gebetet hat. Dem Wasser wird die Kraft nachgesagt, Warzen verschwinden zu lassen.

Blick auf die mächtigen Rundsäulen des Chors und auf den spätgotischen Flügelaltar.

A view to the choir place and the gothic winged altar.

Am Markt befindet sich noch eine zweite Kirche, die man nicht unbedingt auf den ersten Blick als Kirche erkennt. Der Grund liegt darin, dass das Gebäude 1662 als Patrizierhaus errichtet und erst ab 1795 zur Kirche wird. Denn in diesem Jahr kauft die kleine Mennonitengemeinde Nordens das Bürgerhaus. Die Anbauten rechts und links folgen später. Gegründet wird die Gemeinde von Glaubensflüchtlingen aus den Spanischen Niederlanden in der Mitte des 16. Jahrhunderts. Heute hat die Gemeinde nur noch rund 50 Mitglieder.

„Der Norder Markt ist
meine Heimat im familiären Sinn.
Hier bin ich aufgewachsen
und kenne jedes Haus.
Der Marktplatz,
das ist einfach Norden."

Dr. Carl Ulfert Stegmann,
Seniorchef der
AG Reederei Norden-Frisia

Die barocke Kanzel ist ein Werk des Norder Holzschnitzers Rudolf Garrelts.

The pulpit is made by Rudolf Garrelts, a wood carver.

Die Barockorgel schuf der Orgelbaumeister Arp Schnitger zwischen 1686 und 1688.

The organ was created by Arp Schnitger from 1686 to 1688.

Die Mennonitenkirche war einst ein Bürgerhaus und wurde im Rokokostil umgebaut.

The Mennonitest Church was once a middle class house and was rebuilt in rococo style.

Der Markt wird von zahlreichen Bürgerhäusern umsäumt.
Around the marketplace only middle class houses had been built.

Rund um den Markt

Wendet man sich nun Richtung Norden, trifft man am Beginn der Norddeicher Straße auf das **Haus Vienna**, das seinen Namen einer Familie verdankt, die es lange Zeit besessen und bewohnt hat. Das ehemalige Wohnhaus, errichtet um 1600, wird 1994 vom Landkreis Aurich gekauft, der es durch eine umfassende Sanierung und Restaurierung vor dem Verfall bewahrt. Seit 2008 gehört es der „Bürgerstiftung Norden", die das Gebäude als „Bürgerhaus" für Dichterlesungen, Konzerte und andere kulturelle Veranstaltungen nutzt. Auch Firmen und Privatpersonen können den zentralen großen Raum im Erdgeschoss mieten. Die bis zu 70 Zentimeter dicken Wände bestehen aus Klosterformatsteinen. Deckenbalken und Dachstuhl sind aus Eichenholz gefertigt. Ein echtes Schmuckstück aus dem 16. Jahrhundert, dass sich kein Besucher der Stadt entgehen lassen sollte.

Westlich der Ludgerikirche beginnt die Westerstraße, eingerahmt von zwei historischen Gebäuden in restauriertem Bestzustand. Auf der rechten Seite, mit der Hausnummer 96, steht die **Alte Backstube**, ein Giebelhaus, dessen älteste Teile aus dem späten 13. oder dem frühen 14. Jahrhundert stammen. Seinen Namen verdankt das Haus der Bäckerei, die hier 1877 eingerichtet wurde und gut hundert Jahre überdauert, bevor es zu Beginn der 1980er Jahre in einen gastronomischen Betrieb umgebaut wird. Seit 1998 stehen den Gästen auch die Kellerräume zur Verfügung, die einen Eindruck der historischen Bauweise vermitteln. Über einen Gewölbekeller verfügt auch das **Alte Rathaus** auf der linken Seite der Westerstraße, der von dem Vorgängerbau aus dem 13. Jahrhundert stammt. Der Neubau wird 1539 fällig, nachdem feindliche Truppen das ursprüngliche Gebäude zerstört haben. Bis 1861 gehört das Haus der Kirche, das jedoch auch von der Stadt genutzt wird, unter anderem als Kämmerei und Stadtgericht. Der auffällige und einzige in Norden erhaltene Treppenturm diente zeitweise als Gefängnis. Der größte und wichtigste Raum ist der Sitzungs- und Festsaal, in Ostfriesland „Rummel" genannt. Bis 1884 wird hier über die Geschicke der Stadt entschieden, bevor das Alte Rathaus nicht mehr den Erfordernissen der heraufziehenden Moderne entspricht. Der Stadtrat zieht ins Neue Rathaus, das ebenfalls am Markt steht.

Das Alte Rathaus wird zum Bewahrer der Vergangenheit. Auf mehr als ein Jahrtausend kann die **Theelacht** zurückblicken, deren Mitglieder sich vor Ostern und vor Weihnachten in der Theelkammer einfinden. Theel bedeutet schlicht Teil, während man in Ostfriesland unter Acht eine genossenschaftliche Vereinigung versteht. Ein anderes Beispiel wäre die Deichacht. Die genauen Gründungsmotive verlieren sich im Dunkel der Geschichte. Gemeinhin wird die **Normannenschlacht 884** bei Hilgenriedersiel als Gründungsdatum angegeben. Nach dem Sieg der Friesen über die Normannen wird eine Organisation aus Vertretern der mächtigsten Familien ins Leben gerufen, um das zurückeroberte Land gerecht zu verwalten. Somit ist die bis heute bestehende Theelacht die älteste bäuerliche Genossenschaft in Europa. Die Mitgliedschaft wird, wie eh und je, vererbt. Einfluss und Macht, wie in vergangenen Zeiten, hat sie jedoch nicht mehr.

Norden hat noch zwei weitere ehemals bäuerliche Genossenschaften, nämlich die Leegemoor-Gesellschaft, die in einer Urkunde des Grafen Edzard II. von Ostfriesland vom 23. April 1562 an-

Das Alte Rathaus stammt aus dem 16. Jahrhundert und dient heute als Museum.

The Old Town Hall was built in the 16th century, today it is used as a museum.

Das Alte Rathaus ist Sitz der „Theelacht“, der ältesten genossenschaftlichen Vereinigung der Welt.

The Old Town Hall is the location for the oldest cooperative society of the world, the „Theelacht“.

lässlich der Übergabe der Grundstücke 95 Diemat erwähnt wird. Die Leegemoor-Genossenschaft hat 95 Anteilseigner – ursprünglich vermögende Bürger die in Kooperation die ehemaligen Gemeinweiden südlich der Stadt bewirtschafteten. Heute sind diese Grundstücksflächen an die Stadt Norden in Erbpacht vergeben und hierauf entstand der Gewerbe- und Dienstleistungspark Leegemoor. Die Leegemoor-Gesellschaft tagt jährlich an „Lichtmess", dem 2. Februar, und hat einen traditionellen Schmuus - 1. Gang: Speckfett grau Aarten (Erbsen), 2. Gang: Rinderbraten mit Kartoffeln und 3. Gang: Korintenzwieback, Schwarzbrot und Käse. Dazu erhält jeder Interessent eine Flasche „Roodwien". Wasser ist beim Leegemoorschmuus verpönt.

Ebenfalls ist in Norden die ehemalige Weidegenossenschaft **Altenbürger Lande** beheimatet – erstmals erwähnt 1542. Die Altenbürger Lande haben 16 Anteilseigner. Ihr Land liegt neben dem

Die „Dree Süsters" (Drei Schwestern) bilden ein einmaliges Ensemble aus Renaissance-Giebeln.

The „Three Sisters" form a unique ensemble of Renaissance gables.

Leegemoor-Gebiet und ist ebenfalls an die Stadt Norden zur Erweiterung des Gewerbeparks Leegemoor verpachtet. Die Altenbürger Lande treffen sich jährlich am 25. Januar.

Seit 1922 nutzt der Norder Heimatverein das Alte Rathaus und hat hier sowie im angrenzenden Gebäude gleich zwei Museen eingerichtet. Das aus der Anfangszeit stammende Heimatmuseum und das 1989 zusätzlich eröffnete Ostfriesische Teemuseum werden seit 2011 von Grund auf neu konzipiert und in ein modernes Erlebnismuseum umgestaltet. Schwerpunkte werden die heimische und überregionale Teekultur sowie die Stadtgeschichte. Kein Museum in Europa hat vergleichbare Exponate zur Teegeschichte zu bieten, wobei das Museum für Gruppen Teetafeln und Teezeremonien anbietet. Wer also noch nicht weiß, wie man auf ostfriesische Art Tee trinkt oder vielleicht noch etwas Nachhilfe benötigt, ist im Ostfriesischen Teemuseum an der richten Adresse. Die weiße Bürgervilla am Markt mit der Hausnummer 15 wird seit 1884 als **Neues Rathaus** genutzt.

Das Haus „Vienna" gilt als ältestes Gebäude der Stadt.

The house „Vienna" is said to be the oldest house of Norden.

Grabsteine auf dem alten Friedhof.

Gravestones at the graveyard.

Soweit es sich zurückverfolgen lässt, wird das neoklassizistische Gebäude 1855 von einem mennonitischen Prediger gebaut. Schließlich ist die Mennonitenkirche nicht weit. Der Sohn des Predigers verkauft das Haus schließlich an die Stadt, die verschiedene Umbauten vornimmt. Neben den üblichen Verwaltungsaufgaben, die im Rathaus erfüllt werden, dient es auch als Galerie, in der lokale Künstler ihre Arbeiten präsentieren können. Dank seiner Lage am Markt sind Verwaltung und Bürgermeister immer am kulturellen und gesellschaftlichen Zentrum der Stadt, immer in Sichtweite von Tradition und Wandel. Nicht weit entfernt, Am Markt 19, steht das **Standesamt** der Stadt, ebenfalls mit einer weißen Außenfassade und architektonisch dem Rathaus nicht unähnlich. Wie die anderen Bürgerhäuser rund um den Markt hat es eine wechselvolle Geschichte hinter sich und diente nach seiner Fertigstellung 1879 schon als Ackerbauschule und Kreismusikschule. Ebenfalls an der Südseite des Marktplatzes steht ein auffälliges Ensemble aus drei Häusern, deren Renaissance-Giebel fast identisch sind. Dieser geschlossene Auftritt brachte dem Trio den Beinamen „Dree Süsters" – „Drei Schwestern" ein. Die rechte Schwester des um 1600 errichteten Ensembles wird allerdings 1963 abgerissen, um Platz für einen Parkplatz zu schaffen. Ein städteplanerischer Fehler und ein kultureller Frevel, der jedoch 1991 wieder korrigiert wird. Wie ein Phönix aus der Asche entsteht die dritte Schwester neu. Auch als Fotomodell genießen die „Dree Süsters" einen ausgezeichneten Ruf. Am Markt darf natürlich auch die Polizei nicht fehlen, die, eigentlich selbstverständlich, ebenfalls in einem historischen Gebäude residiert. So sieht es zumindest aus. Allerdings stammt nur die Fassade des Eckgebäudes an der Uffenstraße aus dem Jahr 1617. Das dahinterliegende Polizeigebäude ist ein Neubau, der jedoch den Charakter des 17. Jahrhunderts bewahrt. Unmittelbar gegenüber steht an der Uffenstraße das Vossenhus aus dem frühen 16. Jahrhundert. Es verdankt seinen Namen, wie andere Bürgerhäuser auch, einer Besitzerfamilie, in diesem Fall der Weinhändlerfamilie Voss. Bis 1870 betreibt sie in dem grau verputzen Haus einen Gasthof, an den noch heute eine Sandsteintafel mit einem von Reben umrankten Fuchs erinnert. Von 1870 bis 1934 beherbergt das Gebäude den Sitz der Schokoladen-, Marzipan- und Bonbon-Fabrik Heddinga. Nach einer umfassenden Restaurierung zieht 1983 die Stadtbibliothek ins Vossenhus, die über einen Bestand von mehr als 17.000 Titeln verfügt. Das Angebot von Lesungen bis zum Bilderbuchkino macht die Einrichtung zu einem lebendigen Treffpunkt am Markt.

An der West- wie an der Ostseite des Marktes liegen weitere prächtige Bürgerhäuser, deren Ursprung nicht selten im Mittelalter zu finden ist. Fast immer waren reiche Bauern oder Kaufleute die Bauherren. Im Laufe der Zeit wechseln die Besitzer, die dem Haus ihren jeweiligen Stempel aufdrücken. Somit stößt man auch auf die Merkmale verschiedener Stile und Epochen. Das „Hotel zur Post“, Am Markt 3, besteht aus zwei Häusern aus dem 16. Jahrhundert, die 1904 ihre heutige, gemeinsame Außenfassade erhalten. Das danebenstehende Postamt stammt aus den Jahren 1906/07 und ist somit eines der jüngsten Gebäude am Markt.

Bürgerhäuser an der Nordseite des Marktplatzes.

Houses at the north side of the marketplace.

Der Gulfhof „Seldenrüst" an der Alleestraße.
The gulf farmhouse „Seldenrüst" at the Alleestraße.

Die Westerstraße

Nach dem Rundgang bietet sich ein Bummel durch die Westerstraße an. Folgt man ihr, gelangt man in die Westermarsch und schließlich nach Leybuchtpolder. Die Westerstraße beginnt, vom Markt aus gesehen, am Alten Rathaus und geht nach etwa 800 Metern in die Alleestraße über. Trotz ihres Namens führt sie nicht konsequent nach Westen, sondern nach Südwesten.

In jedem Fall führt der Weg vorbei an zahlreichen Geschäften, Bistros und Cafés, die zum Teil in restaurierten historischen Gebäuden untergebracht sind. Zusammen mit dem Marktplatz bildet die Westerstraße das höchstgelegene Gebiet der Stadt. Über Jahrhunderte ist sie die Hauptstraße Nordens, an der die wichtigsten Händler ansässig sind. Sehenswert ist das Haus Jatzke, Westerstraße 89, ein Bürgerhaus im Stil des 17. Jahrhunderts.

Seit 2009 findet Ende September mit gelegentlichen Unterbrechungen wieder wie in früheren Jahren ein Straßenfest statt, bei dem Produkte aus der Region präsentiert werden. Sammler und Vereine stellen alte landwirtschaftliche Geräte und Trecker zur Schau. Landwirte führen vor, wie noch in den 1960er Jahren mit Dreschmaschinen Getreide gedroschen wurde. Regionale Produkte, noch dazu von Biobauern, kann man ein Stück weiter in der Westgaster Mühle kaufen. Die weithin sichtbare Mühle ist ein Galerieholländer mit Windrose wird 1863 errichtet und ist somit die älteste erhaltene Norder Mühle. Bis 1987 ist sie in Betrieb. Der ehemalige Norder Bürgermeister Gerhard Campen erwirbt sie und rettet sie damit vor dem Verfall gerettet. Zusammen mit dem eigens gegründeten „Verein Westgaster Mühle e.V." gelingt es Campen, die Mittel aufzutreiben, um Kappe, Flügel und Achtkant zu ersetzen bzw. zu renovieren. Heute gelten Mühle, Bioladen, Teestube und Gastwirtschaft als einmaliges Ensemble. Die Westgaster Mühle ist voll funktionsfähig und wird auch noch ab und zu zum Mahlen von Getreide eingesetzt. Besucher können nicht nur die Mahleinrichtungen in Augenschein nehmen, sondern auch eine umfangreiche Sammlung landwirtschaftlicher Arbeitsgeräte. Nicht weit entfernt von der Westgaster Mühle steht in der Alleestraße 20 der Gulfhof Seldenrüst, dessen Eingang von zwei steinernen Löwen bewacht wird. In Norden ist der Hof daher auch als Löwenhaus bekannt. Südlich der Westerstraße liegt der Schwanenteich, ein etwa 400 mal 200 Meter großes Areal, das nicht nur Vögel aller Art Lebensraum bietet. Auch Jogger und Spaziergänger nutzen den grünen Flecken gern.

Ein Bürgerhaus im Stil des 17. Jahrhunderts: Das Haus Jatzke in der Westerstraße.

The typical style of a 17th century house at the Westerstraße.

Katholische Kirche Sankt Ludgerus Norden an der Osterstraße.

The catholic church Sankt Ludgerus at the Osterstraße.

Blick in die Osterstraße vom Markt aus.

The view from the marketplace to the Osterstraße.

Die Osterstraße

Die Osterstraße hält sich auch nur grob an die Himmelsrichtung und schwenkt zunächst nach Nordost, bevor sie sich für den Süden entscheidet. Dafür ist sie wesentlich länger als die Westerstraße, beginnt im Stadtzentrum, verläuft unter anderem entlang der Ubbo-Emmius-Klinik und trifft außerhalb der Stadt auf die Umgehungsstraße (Bundesstraße 72).

Auf den ersten 500 Metern ab Markt ist die Osterstraße – wie die Westerstraße – eine Einkaufsstraße mit zahlreichen Geschäften, Restaurants und Cafés. Das auffälligste Haus ist das 1554 erstmals urkundlich erwähnte Haus Schöningh, das wohl am besten erhaltene Patrizier-Renaissancehaus in Ostfriesland. Da Norden vom Bombenhagel des Zweiten Weltkriegs verschont blieb, überdauerte das Haus die Zeit, während Emden fast alle Baudenkmäler dieser Art verlor. In den 1970ern sollte das Haus abgerissen werden. Durch den Kauf und die spätere Sanierung des Gebäudes verhinderte der Rechtsanwalt Veith Wucherpfennig eine derartige architektonische Freveltat. Erkennbar ist ein starker niederländischer Einfluss, vor allem an den Sandsteinbändern im Mauerwerk, auch Speckbänder genannt. An den Seiten des Giebels sind Sandsteinfiguren zu erkennen, die die Taten des Herkules darstellen. Das „schönste Gebäude" Nordens ist ein Muss für jeden Besucher und Fotografen. Im Erdgeschoss ist heute ein beliebtes italienisches Restaurant untergebracht.

Das Schöninghʼsche Haus gilt als das am besten erhaltene Bürgerhaus der Renaissance in Ostfriesland. Der 1576 errichtete Prachtbau hat einen mit vielen kleinen Fenstern und imposanten Sandsteinbändern verzierten Giebel. An der Oberseite stellen Sandsteinfiguren Taten des Herkules dar.

The Schöninghʼsche Haus was built in Renaissance style in 1576 and has kept the best condition in East Frisia until today.
The gable is beautifully decorated with many small windows and impressive sandstone ribbons. The small figures tell the stories of Hercules.

Eiscafe
ITALIA

Der Neue Weg

Der Neue Weg ist Nordens längste Einkaufsmeile und einstige Magistrale. Im Rahmen eines neuen und umfassenden Verkehrskonzeptes wird die Durchgangsstraße ab 1989 zur Fußgängerzone umgestaltet, während der Autoverkehr auf die Uffenstraße / Heringstraße bzw. den Burggraben verlagert wird. Besucher, deren Ziel ohnehin Norddeich ist, umfahren die Stadt auf der Bundesstraße 72.

Wer den Neuen Weg noch als in beiden Richtungen befahrene Straße erlebt hat, der weiß, welchen enormen Gewinn die Einkaufsmeile durch die Sanierung erfahren hat. Wo man noch vor gar nicht langer Zeit als Fußgänger aufgrund des starken Verkehrs Probleme hatte, auf die andere Straßenseite zu gelangen, bummeln heute Norder und Touristen unbeschwert auf und ab. Auch hier laden Cafés und Bistros dazu ein, die eine oder andere Pause einzulegen. Dem aufmerksamen Betrachter entgehen natürlich die hervorragend restaurierten Bürgerhäuser nicht. Für die Sanierung der Häuser mit den Nummern 45 bis 47, 48 und 82 – allesamt Gebäude der Sparkasse Aurich-Norden - wird eigens der Lübecker Star-Architekt Helmut Riemann engagiert, dessen Arbeiten nicht zuletzt in Norden mit vielen Preisen auch auf nationaler Ebene gewürdigt werden. Der Neue Weg ist ein Beispiel für das gelungene Einfügen von Neubauten in einen historischen Bestand.

Natürlich lohnt sich auch ein Blick in die Seitenstraßen des Neuen Wegs, in denen weitere Geschäfte und Restaurants zu finden sind. Besonders einladend ist die Große Neustraße, in der sich in

Einkaufsmeile und Treffpunkt: Der Neue Weg.

Shopping and meeting point: Neuer Weg.

Der Neue Weg, Hauptgeschäftsstraße, wird auch für Stadtfeste und Sportveranstaltungen genutzt.
The „Neuer Weg", the main commercial street, is also used for the city festival and other sports festivals.

einem alten Bürgerhaus mit der Nummer 13 seit 1992 das Kunsthaus befindet. Es dient dem Kunstverein Norden e.V. als Galerie, in der vorwiegend Künstler der klassischen Moderne, aber auch zeitgenössische Künstler zu sehen sind.

Westlich des Neuen Wegs, zwischen Hering- / Uffenstraße und Burggraben, zwischen Markt und Hafen, lag die Altstadt, zum großen Teil aus kleinen Arbeiterhäusern bestehend. Ab 1968 wird dieser Stadtteil umfassend saniert. Die meisten Gebäude werden abgerissen und durch moderne Wohneinheiten ersetzt. Nur einige wenige Häuser am Burggraben überleben den nicht unumstrittenen Eingriff der Städteplaner. Bestens restauriert, zeigen sie, dass es auch Alternativen gegeben hätte. Inzwischen sind die neuen Gebäude eingewachsen und zur Heimat neuer Generationen geworden.

Im Süden trifft der Neue Weg auf das Norder Tief, das sein Wasser in Richtung Hafen führt. Im Stadtgebiet wechselt es für eine kurze Strecke den Namen und wird Galgentief genannt. Der Hafen, einst Nordens Tor zur Welt, dient heute als Anleger für Freizeitkapitäne. Eine 35 Meter lange Steganlage bietet genügend Platz für bis zu 18 Boote. Der 2009 restaurierte Signalmast erhöht das Flair des Hafens, an dessen große Zeit das Alte Zollhaus erinnert. Erbaut wird das imposante Backsteingebäude 1857, um den Hafenbetrieb besser abwickeln zu können. Nach dem Bau von Leybuchtsiel 1929 verliert es seine Funktion. Heute dient das 1998 sanierte Gebäude als Restaurant und Wohnhaus. Das Norder Tief, Jahrhunderte lang eine wichtige Lebensader der Stadt, mündet in ein großes Speicherbecken vor Leybuchtsiel. Von dort gelangt man nach Leybuchtpolder und schließlich nach Greetsiel. Um in die Nordsee zu gelangen, muss der Skipper nun noch das 1991 gebaute Leysiel passieren. Seither hat Leybuchtsiel seine eigentliche Funktion verloren, das Norder Tief in die Nordsee zu entwässern.

Blick aus der Vogelperspektive auf den Neuen Weg, der eine Art Nord-Süd-Achse bildet.

The bird's eye view of the Neuer Weg, the street is like a North-South axis through the city.

Schülerhilfe!

Nicht nur der Neue Weg selbst, auch die Hinterhöfe, die zur Heringstraße / Uffenstraße führen, wurden in der Vergangenheit aufwendig gestaltet.

Not only the facades of the houses in the Neuer Weg have been restored but also their backyards.

Der Neue Weg ist schon allein wegen der restaurierten Häuser einen Bummel wert.

The Neuer Weg would be worth visiting just for its restored buildings.

Der Südeingang

Die meisten Besucher Nordens treffen von Süden her in der Stadt ein - ganz egal, ob sie per Bahn oder Auto anreisen. Entweder fährt man auf der Bahnhofstraße oder neben ihr. In jedem Fall sind schon von weitem die beiden Windmühlen zu erkennen, die an die Greetsieler Zwillingsmühlen erinnern und eine Art Tor bilden. „Norder Tor" wird das Ensemble daher auch genannt.

Auf der rechten Seite steht die Gnurremühle, eine der ursprünglich 13 Norder Windmühlen. Anfang der 1930er Jahre wurde sie bis auf den Stumpf abgebrochen und diente Jahrzehnte lang lediglich als Lagerhaus. Doch 1984 gründen einige entschlossene Bürger den „Förderverein Norder Windmühlen e.V." und machen sich an die Arbeit. Erst 1993 sind die Arbeiten abgeschlossen und die Gnurremühle, auch Frisia-Mühle genannt, ist wieder sehens- und besuchenswert.

Auf der linken Seite befindet sich die höhere Deichmühle, die noch bis 1975 in Betrieb war. Sie besitzt noch immer ein intaktes Mahlwerk und ist voll funktionsfähig. Ihren Namen verdankt sie dem Norder Hafendeich, der einst die Stadt vor den Unbilden der Nordsee schützte. Erbaut wird sie 1900, um einen Vorgängerbau zu ersetzen, eine Bockwindmühle. Die Deichmühle dient heute mitsamt den umliegenden Gebäuden als Mühlenmuseum und gewährt Einblicke in das Müllerhandwerk. Nicht weniger auffällig als die beiden Mühlen ist das 2012 fertig gestellte Einkaufszentrum Norder Tor, das mehr oder weniger zwischen den Mühlen platziert wurde. Ob und wie sich das riesige, funktionale Gebäude mit 7700 Quadratmeter Verkaufsfläche und ohne besondere architektonische Kennzeichen in das Stadtbild einfügen wird, ist noch offen. Auch die langfristigen Auswirkungen auf die Norder Geschäftswelt müssen abgewartet werden. Andererseits ist das Einkaufszentrum ein klares Bekenntnis zum permanenten Wandel, der die Stadt Norden seit ihrer Entstehung im Mittelalter prägt. Schon immer musste Altes weichen, um Neuem Platz zu machen. Das gilt für alte Kirchen und Bockwindmühlen ebenso wie für Bürgerhäuser, Siele und Deiche. Jedes Bauwerk muss sich in der Zeit bewähren, auch das Einkaufszentrum „Norder Tor". Der beschleunigte soziale und wirtschaftliche Wandel des 20. Jahrhunderts hat Norden dazu gezwungen, sich in großen Teilen neu zu erfinden. So klar und leicht nachvollziehbar diese Tatsache ist, so schwer ist sie im Alltag mitunter zu akzeptieren. Menschen neigen dazu, die Welt, in der sie aufwachsen, als selbstverständlich, normal und dauerhaft zu betrachten. Dass es sich in der Moderne mehr denn je lediglich um historische Momentaufnahmen handelt, wird dabei gerne vergessen.

Norden hat innerhalb von rund hundert Jahren einen Wandel von der Agrarwirtschaft zur Industriegesellschaft durchlebt, um sich schließlich auch auf die Dienstleistungsgesellschaft umzustellen. Statt Butter und Weizen, statt Schreibmaschinen und Doornkaat werden heute von Norden elektronische Bauteile, Drucksachen und Stahlspaltprodukte exportiert: Nicht zuletzt sind Betten und Bedienung gefragt. Aus ein paar Hundert Übernachtungen im Jahr sind so in Norden-Norddeich mehr als 1,3 Millionen geworden. Das unmittelbare Umfeld Nordens mit den Gemeinden Marienhafe, Hage, Großheide, Dornum, Krummhörn und die vorgelagerten Inseln Norderney, Juist und Baltrum bilden einen richtigen touristischen Schwerpunkt. Im Norderland insgesamt werden jährlich über fünf Millionen Übernachtungen registriert. Abgeschlossen ist dieser Wandel nie, sondern geht im 21. Jahrhundert weiter.

Der Wandel zur Dienstleistungsgesellschaft mit dem Schwerpunkt Tourismus verlangt natürlich nach einer entsprechenden Infrastruktur. Sie beginnt mit der Mobilität der Touristen, die sich lange Zeit mitten durch die Stadt stauen mussten, um an ihre Ziele zu gelangen, etwa nach Norddeich, Norderney oder Juist. Erst der Ausbau einer Ortsumgehung, 2009 eingeweiht, hat dieses Problem behoben.

Lange Zeit zur Diskussion steht auch der kleine und veraltete Bahnhof mitsamt dem umliegenden Bahngelände. Jahrzehnte wird geplant, das Gelände saniert, umgestaltet und gebaut, bevor am

Die Gnurremühle war 50 Jahre lang nur ein Stumpf.
The Gnurremühle has been only a stump for more than 50 years.

30. April 2007 der neue Norder Bahnhof sowie der Zentrale Omibusbahnhof eröffnet werden können. Das gesamte Gelände mit Parkplätzen und Serviceeinrichtungen nimmt rund 10000 Quadratmeter in Anspruch. Somit erhält der Süden Nordens ein neues Gesicht. Während die alten Bürgerhäuser auf der linken Seite weitgehend erhalten geblieben sind, sorgen der neue Bahnhofsbereich und das Einkaufszentrum „Norder Tor" für ein modernes Bild der Stadt. Die Neugestaltung des Norddeicher Bahnhofs folgt 2012. Auch gibt es verschiedene Aktivitäten der betroffenen Kommunen, die in den 1980er Jahren stillgelegte Ostfriesische Küstenbahn von Norden über Esens nach Sande wieder in Betrieb zu nehmen. Auf der bis Dornum erhaltenen Bahnstrecke bietet seit 1987 die Museumseisenbahn Norden-Hage-Dornum Fahrten mit historischen Lokomotiven und Waggons an. Ein Besuch im 1998 eröffneten Eisenbahnmuseum im und am Lokschuppen lohnt sich natürlich auch.

Der Süden von Norden mit der Deich- und der Gnurremühle sowie dem Einkaufszentrum „Norder Tor".

The south entrance to the city with the Shopping Center „Norder Tor" and the Gnurremühle.

Sie bestimmen den Puls des Hafens: Fischkutter und Fähren.
Fishing cutters and ferries determine the beat of the harbour.

Nordens neuer Hafen: Norddeich

Um vom Markt aus nach Norddeich zu gelangen, nimmt man die Norddeicher Straße und passiert dabei das Ulrichsgymnasium. Erreichte man noch vor wenigen Jahrzehnten schon bald Wiesen und Felder, bevor Norddeich in Sicht kam, so ist die Lücke zwischen der Stadt und seinem Hafen fast verschwunden. Norden und Norddeich wachsen zusehends zusammen. Die Bezeichnung „Am Norddeich", rund vier Kilometer von Norden entfernt, wird bereits 1787 von Johann Friedrich Bertrams in einer Ostfriesland-Beschreibung erwähnt. Hier gibt es schon in der ersten Hälfte des 19. Jahrhunderts eine anfangs frei zugängliche Badestelle. 1824 schreibt Fri(e)drich Arends: „Fischershausen heißen zwei Plätze am sogenannten Norddeich . . . Da fahren während der Badezeit die Schiffe nach Norderney ab; es steht ein gutes Wirtshaus daselbst, in dessen Nähe stand ein kleines Dorf, Idzingdorf, welches in der Weihnachtsflut von 1717 größtenteils zerstört und ausgedeicht wurde." Das erwähnte Wirtshaus war offensichtlich der Vorläufer des späteren Hotels Fährhaus. 1824 ist in diesem Küstenabschnitt erstmals von einer primitiven, aus Steinen, Holz und Buschwerk errichteten Schiffsanlegestelle, „Fährschlenge" genannt, die Rede. Das Publikum aus der Umgebung, so heißt es 1831, genießt nicht nur „das Bad am Deiche", sondern mustert auch neugierig die Fremden. Denn die in Sichtweite liegende Insel Norderney ist seit 1797 Seebad und lockt Erholungsuchende an. Per Segelschiff treffen sie auf der Insel ein, das zunächst meist von Emden oder Bremerhaven aus in See sticht. Vom neuen Norddeicher Anleger reduziert sich im Laufe der Zeit die Anreise, die nicht allen Landratten bekommt.

Wohl nur kurz ist die Existenz einer privat betriebenen „Kleinen Seebade-Anstalt", die der Gastwirt Roolf Seeberg, im Juli 1813 propagiert, als noch die französische Fremdherrschaft im Lande das Sagen hat. Gegen Entgelt bietet er den „Herren Badegästen" – von Damen ist noch keine Rede - in seinem Hause warme und kalte Bäder an. Für die Kaltbäder werde er bei jeder Flut frisches Nordseewasser einholen. Es bestehe aber auch die Möglichkeit, „jenseits dem Deiche" für 18 Stüber von einer Badekutsche aus ins Wasser zu gehen. Aber die Obrigkeit erteilt ihm offensichtlich keine Genehmigung. Nach dem Ende der Franzosenherrschaft im November 1813 hört man von Seebergs „Etablissement" nichts mehr. Als Gründungsakt einer Norddeicher Seebadeanstalt, wie später häufig behauptet, kann die immerhin mutige Initiative des Gastwirtes somit nicht verstanden werden. Dennoch ist sie bemerkenswert, weil hier offensichtlich zum ersten Mal ein geschäftstüchtiger Einwohner versucht, aus der Gunst der Natur Kapital zu schlagen. Ab 1882 wird „am Norddeich", das sich entlang der Küste in den früheren Gemeinden Lintelermarsch und Westermarsch erstreckt, die von einheimischen und auswärtigen Initiatoren gegründete Norder Badegesellschaft aktiv und richtet einen für Damen und Herren getrennten Badeplatz ein. 1906 bekommt sie Konkurrenz durch den Norddeicher Seebadverein und 1907 durch den Kurverein Norden. Die drei Vereine wetteifern je für sich um die Gunst der Gäste, deren Zahl ständig zunimmt. Den Badeplatz benutzen sie gemeinsam. Ende des 19. Jahrhunderts verändert die Moderne den kleinen Ort, denn Dampfschiffe und Motorboote verlangen nach anderen Hafenanlagen. Außerdem verzeichnet die Fischerei einen spürbaren Aufschwung. Zwischen 1889 und 1892 wird Norddeich zur Großbaustelle.

Zwei der 16 Kutter, die von aus Norddeich zum Fang auslaufen.

Two of all in all sixteen fishing cutters of Norddeich.

Norddeich-Mole von Süden her gesehen mit Norderney im Hintergrund.

Norddeich Mole and the island Norderney in the background.

Regenwolken über dem Hafen von Norddeich.

Rain clouds at the skyline of the harbour.

Der alte Anleger und der kleine Hafen weichen einem großen Hafenbecken und einer Mole, einem ins Meer reichenden Steindamm. Das Fahrwasser wird vertieft und durch zwei Leitdämme geschützt. Auch bei Ebbe kann nun tieferes Wasser erreicht werden, sodass Norderney tideunabhängig angelaufen werden kann. Juist hingegen kann aufgrund seiner Lage und der Verhältnisse im Watt aber weiterhin nur bei Flut erreicht werden.

Kaum ist die neue Hafenmole fertig, nähert sich von Norden eine Bahntrasse, die später in einer Bahnhofshalle auf dem Molenkopf endet. Noch beherrschen die Segler und Dampfschiffe aus Hamburg, Bremerhaven und Emden das Geschäft. Doch gegen den neuen Hafen in Norddeich und dessen Anbindung an die Bahn haben die Konkurrenten auf Dauer keine Chance. Zudem wird das touristische Angebot des Ortes selbst fortwährend verbessert. Ein Beispiel: Um das Badevergnügen der Inseln nach Norddeich zu holen, werden schon in den 1920er Jahren mehrmals schlicht Sandladungen von der Insel Juist herübertransportiert. Sie werten Norddeich auf und schaffen auch hier einen Sandstrand.

In den 1920er und 1930er Jahren setzt der damalige Kurverein Norden-Norddeich die mühsam begonnene Pionierarbeit fort. Doch erst nach dem Zweiten Weltkrieg kommt es zu einer kontinuierlichen Weiter- und Zukunftsentwicklung. Mitte Mai 1959 kann das erste tideunabhängige Meerwasserschwimmbecken an der ostfriesischen Küste eröffnet werden. Nach der schweren Sturmflut von 1962 folgt zehn Jahre später die Erhöhung und Verstärkung der Deiche. In Norddeich werden die Baumaßnahmen genutzt, um die Seebadeanstalt umfassend zu modernisieren und ein technisch verbessertes, heute noch bestehendes Schwimmbecken vor dem Deich zu errichten. Das erste „Haus des Gastes" entsteht 1975/76, das Wellenhallenbad am Dörper Weg folgt 1979. Norddeich boomt. Aus den zwei Bauernhöfen und dem Wirtshaus ist ein staatlich anerkanntes Nordseeheilbad, ein moderner Ferienort mit einem umfassenden Angebot geworden.

Urlaub in Norddeich

Norddeich ist ein junger Ort. Im Gegensatz zu Sielorten wie Greetsiel oder Bensersiel kann Norddeich daher nicht mit Baudenkmälern und Renaissance-Giebeln punkten, mit einem romantischen Marktplatz oder restaurierten Windmühlen. Wer derartige Ziele sucht, ist jedoch in Norden bestens aufgehoben. Denn so jung und modern Norddeich ist, so reich an historischen Gebäuden ist Norden. Außerdem bietet Norden Einkaufsmöglichkeiten und kulturelle Angebote, die so in keinem Urlaubsort an der Küste zu finden sind. Die unmittelbare Nähe zur Stadt ist einer der Gründe für den touristischen Erfolg Norddeichs.

Die Nähe zu den beiden Inseln Norderney und Juist ist ein anderer Grund. Dank des immer wieder modernisierten Fährhafens, des größten Niedersachsens mit 2,25 Millionen Passagieren pro Jahr, sind Ausflüge zu den Inseln ein verlockendes Angebot. Allerdings legen in Norddeich nicht nur Fähren ab. Im Osthafen bringen die Fischer ihren Fang an Land, vor allem Krabben (Granat) und Plattfische wie Seezunge, Scholle und Butt. Nach wie vor ist die Fischerei ein wichtiger Wirtschaftzweig für Norden-Norddeich. Der Westhafen bietet Platz für bis zu 400 Yachten. Nicht alle gehören ortsansässigen Seglern. Auch Insulaner und Boote aus anderen Häfen und Ländern, etwa aus den Niederlanden oder Dänemark, legen hier an.

Mit einer Fläche von 26,29 Quadratkilometern ist Norderney die zweitgrößte Ostfriesische Insel, 14 Kilometer lang und maximal 2,5 Kilometer breit. Und ebenso lang wie die Insel ist auch der Strand. Mit der 24,4 Meter hohen „Weißen Düne" besitzt die Insel die höchste Erhebung Ostfrieslands. Die Stadt im Westen der Insel hat 5800 Einwohner, zu denen übers Jahr noch einmal mehr als 440.000 Touristen kommen. Da Norderney bis zu 14 Mal täglich und tidenunabhängig zu erreichen ist, ist die Insel auch ein ideales Ziel für Tagesgäste. Wer möchte, kann sein Auto zum Nordseeheilbad mitnehmen. Neben dem selbstverständlichen Badevergnügen und einem großen touristischen Angebot hat Norderney auch außergewöhnliche Museen zu bieten, etwa das 2007 eröffnete Bade-Museum, das Norderneyer Fischerhaus oder den Rettungsbootschuppen der Deutschen Gesellschaft zur Rettung Schiffbrüchiger.

Juist kann nur bei Flut erreicht werden, sodass Tagesausflüge nur an wenigen Tagen im Jahr mit der Fähre möglich sind. Es sei denn, man wählt das Flugzeug und fliegt von Norddeich aus in wenigen Minuten zur mit 17 Kilometern längsten Ostfriesischen Insel. Ein derartiger Flug oder gar ein Rundflug ist ein besonderes Vergnügen, weil man Küste, Inseln und Wattenmeer aus einer ganz besonderen Perspektive entdecken kann. Juist, auch als Töwerland bekannt, ist nur maximal 900 Meter breit und autofrei. Die beiden Orte, das Dorf und das Loog, haben zusammen rund 1700 Einwohner, die vorwiegend vom Tourismus leben. Wer Ruhe und Erholung ohne die Nebengeräusche des Alltags sucht, ist hier immer richtig. Statt Autos fahren Pferdewagen durch die schmalen Straßen. Rund 90.000 Gäste nehmen dieses Angebot pro Jahr wahr.

Von Norddeich aus sind die Inseln Juist und Norderney nur ein Katzensprung entfernt.

Norddeich is just a stone's throw away from the islands Juist and Norderney.

Eine Fähre zwischen Norderney und Norddeich – und zwischen Watt und Himmel.

A ferry between Norderney and Norddeich – or: A ferry between Wadden Sea and the sky.

Feuerwerk zum Jahreswechsel in Norddeich.

An astonishing view at New Year's Eve: the fireworks at the coast of Norddeich.

Baltrum ist die kleinste Insel im Norderland. Östlich von Norderney liegt das Eiland, das in der Länge 5 und in der Breite 1,4 Kilometer misst. 500 Einwohner leben auf der Insel. Auch hier ist der Tourismus die wirtschaftliche Basis. 1927 wurde das Fährschiff „Baltrum I" in Dienst gestellt. Es fuhr zwischen Mitte Mai und Mitte September die Strecke Baltrum – Norddeich und brauchte für die Strecke rund zwei Stunden. Abfahrthafen nach Baltrum ist heute Nessmersiel, direkt gegenüber der Insel auf dem Festland. Inzwischen besuchen 40000 Gäste im Jahr die Insel und buchen 320.000 Übernachtungen im Jahr. 1927 schuf der Lehrer Wilhelm Vogel (1882–1966) den Werbeslogan „Baltrum – Das Dornröschen der Nordsee". Vogel wurde 1927 der erste Badedirektor und 1930–1936 Bürgermeister der Insel. Er prägte das Inselgeschehen und die Ausrichtung auf den Torusimus maßgeblich. Zwischen Inseln und Küste liegt das Wattenmeer, das zwischen Dollart und Außenelbe seit 1986 den 240.000 Hektar großen Nationalpark Niedersächsisches Wattenmeer bildet. Im Juni 2009 wird der Nationalpark sogar zum UNESCO-Weltnaturerbe ernannt. Die Entscheidung der UNESCO ist leicht nachvollziehbar. Denn so „leer" das Wattenmeer auch für den Laien aussehen mag, so ist es doch nach dem tropischen Regenwald das zweitproduktivste Ökosystem der Welt. Bis zu 4000 verschiedene Tier- und Pflanzenarten sind hier zuhause, vom Wattwurm bis zur Miesmuschel, vom Säbelschnäbler bis zum Seehund, vom Queller bis zum Strandhafer. Um dieses einmalige Ökosystem zu schützen, wurde das Wattenmeer in drei Zonen eingeteilt. In der Ruhezone, die 54 Prozent der Gesamtfläche ausmacht, gelten die strengsten Schutz-bestimmungen. Außerhalb von wenigen gekennzeichneten Wegen ist das Betreten absolut verboten, ganz zu schweigen vom Radfahren, Reiten oder gar Fischen. In der Zwischenzone, etwa 45 Prozent der Fläche, sind Wandern und bestimmte

Freizeitaktivitäten erlaubt, sofern sie die Tier- und Pflanzenwelt nicht stören. Hunde müssen an der Leine geführt werden, Umweltverschmutzungen jeder Art, also auch Lärm, sind verboten. In der Erholungszone, also dem restlichen ein Prozent, sind alle Freizeitaktivitäten erlaubt. Entsprechende Schilder weisen auf die Schutzzonen hin. Seit 1992 kann sich der Interessierte im Norddeicher Nationalpark-Haus das Ökosystem Wattenmeer anschaulich erklären lassen.

Wer nun meint, der Nationalpark schränke touristische Aktivitäten ein, der liegt grundsätzlich falsch. Vielmehr kommt der Schutz der Natur gerade dem Urlauber zu Gute, der zu Recht saubere Nordseeluft und sauberes Nordseewasser erwartet. Viele Umweltinitiativen, etwa jene der Stadtwerke oder der Insel Juist, die CO_2-Bilanz nachhaltig zu verbessern, hebt die Lebensqualität von Bürgern und Besuchern gleichermaßen. Ein weiterer Grund für den touristischen Erfolg Nordens und Norddeichs ist denn auch besagte Lebensqualität und die untrennbar mit ihr verbundene Gesundheit. Ihr dient nicht nur das Schwimmbad am Grünstrand, sondern auch die Dr.-Becker- Klinik Norddeich und andere medizinische und Kureinrichtungen. Da Norddeich auch die anderen Kriterien erfüllt, wird es im Juni 2010 vom Niedersächsischen Wirtschaftsminister zum Nordseeheilbad ernannt. Eine rare Auszeichnung, die überwiegend Inseln erhalten, da sie die vorgegebenen Bedingungen wie Badewasserqualität und saubere Luft und das Vorhandensein entsprechender medizinischer Heileinrichtungen leichter erfüllen. Sauberes Meerwasser findet man auch im Meerwassererlebnisbad Ocean Wave vor, das 2003 das alte Wellenbad ersetzt hat. Wer bei Wind und Wetter nicht auf einen Sprung in die Nordsee verzichten will, kann sich hier in Fluten stürzen, Wellen inklusive. Das moderne Bad mit seinem umfangreichen Angebot ist nur ein Indiz für die Tendenz Norddeichs, seinen Besuchern ganzjährig zur Verfügung zu stehen. Die meisten Hotels,

Das Wattenmeer ist ein echtes Surferparadies.

The Wadden Sea is a paradise for surfers.

Das „Haus des Gastes“ am Norddeicher Strand.

The „House of Guests“ at Norddeich beach.

Nicht nur das Wattenmeer hat Freizeitkapitänen viel zu bieten, sondern auch das Norder Tief.

Not only the Wadden Sea has much to offer for hobby sailors but also the Norder Tief.

Maritime Vielfalt von der Seehundaufzuchtstation bis zum Strandvergnügen.

Maritime variety: from seal station to beach life.

Ein außergewöhnliches Erlebnis ist die Fahrt mit der Museumseisenbahn von Norden über Hage nach Dornum.

A remarkable experience is a ride with the heritage train from Norden via Hage to Dornum.

Pensionen, Ferienhäuser und Privatunterkünfte lassen sich längst auch außerhalb der Saison buchen. Ganzjährig geöffnet hat auch die Norddeicher Seehundstation im Nationalpark-Haus. Die Einrichtung besteht seit 1980. Drei Tierpfleger und ihre Mitarbeiter kümmern sich hier um kranke und verwaiste Seehunde und Robben, die nach ihrer Genesung bzw. Aufzucht wieder in der Nordsee ausgewildert werden. Gleichzeitig dient die Station zur Erforschung der Seehunde. Angeschlossen an diese Einrichtung ist das Waloseum, in dem das 15 Meter lange Skelett eines 2003 vor Norddeich gestrandeten und verendeten Pottwals und die Vogelwelt der Küste besichtigt werden können. Das Waloseum befindet sich drei Kilometer entfernt im Osterlooger Weg 3 und ist in einem ehemaligen Gebäude der Küstenfunkstelle Norddeich Radio untergebracht.

Weit über die Region hinaus bekannt ist Metas Musikschuppen, 1960 von Meta Rogall als Tanzlokal gegründet. Damals heißt es noch „Haus Waterkant" und steht unmittelbar und fast einsam am Deich. Der legendären und 1994 verstorbenen Meta Rogall gelingt es dank ihres musikalischen Gespürs, das unscheinbare Lokal in eine Kult-Diskothek zu verwandeln. Vor allem die zahlreichen Bands, die sie engagiert, sorgen für einen steigenden Bekanntheitsgrad des Lokals. Nicht nur lokale Gruppen sind zu hören, darunter „The Rustlers" mit dem damaligen Sänger Otto Waalkes, sondern auch „Jane" oder die „Scorpions". Inzwischen beflügeln Bücher sowie das Musical „Meta, Norddeich" von Peter Schanz die Legende. Die Landesbühne Niedersachsen Nord hat 2010 das Stück mit einem Riesenerfolg auf die Bühne gebracht. Der Sohn der Gründerin führt den Musikschuppen bis heute wei-

Das Meerwasserschwimmbad „Ocean Wave“ bietet Badevergnügen bei jedem Wetter.

The big indoor swimming bath „Ocean Wave“ with cleared sea water is a whole day activity for the family.

ter. Norddeich aber bietet nicht nur Nahziele. Ein weiterer Grund für die Beliebtheit bei den Gästen sind die zahlreichen und leicht zu erreichenden Angebote der ostfriesischen Halbinsel. So ist der Küstenort ein idealer Ausgangspunkt, um auch die anderen Inseln zu entdecken. Die entsprechenden Fährhafen, Emden (Borkum), Neßmersiel (Baltrum), Bensersiel (Langeoog), Neuharlingersiel (Spiekeroog) und Harlesiel (Wangerooge) liegen im Umkreis von zirka zehn 30 Kilometern. Die Seehafenstadt Emden, die mit der bundesweit bekannten Kunsthalle, dem Ostfriesischen Landesmuseum im Rathaus, dem Rathausdelft und dem Otto-Huus immer einen Besuch lohnt, ist per Bahn oder Auto von Norden und Norddeich in etwa 40 Minuten zu erreichen. In der Mitte zwischen Norden und Hage ist Lütetsburg - ein beliebtes Ausflugsziel. Der Ort ist seit dem 16. Jahrhundert mit dem Adelsgeschlecht zu Innhausen und Knyphausen verbunden. Das heutige Wasserschloss steht seit 1958 am Standort von mehreren Vorgängerbauten. Der langgestreckte Backsteinbau der Vorburg stammt aus dem 17. Jahrhundert. Der weithin berühmte, ab 1790 großzügig ausgebaute Schlosspark ist öffentlich zugänglich; er gehört zu den schönsten Parkanlagen in Nordwestdeutschland. Ein Besuch ist zu jeder Jahreszeit ein Erlebnis. In unmittelbarer Nähe ist ein neuer Golfplatz.

Wer sich zurückziehen will, wer das Land dem städtischen Treiben vorzieht, der wählt einfach ein Quartier in einem der ländlichen Ortsteile. In der Ostermarsch, der Westermarsch, in Neu-

Das Pottwal-Skelett im „Waloseum“.

The skeleton of a whale at the „Waloseum“.

westeel oder Leybuchtpolder warten Alternativen von der Ferienwohnung bis zum „Urlaub auf dem Bauernhof“, Reitstunden inklusive. Hier erlebt man Ostfriesland pur, findet blühende Rapsfelder und den einmaligen ostfriesischen Himmel, der selbst an stürmischen Tagen zu begeistern vermag. Die typische Weite der Marschlandschaft lässt sich hier besonders intensiv erfahren, während die Deiche zu langen Spaziergängen einladen. Oder zum Drachensteigen. Etwa auf dem alljährlichen internationalen Drachen- und Windspielfest in Norddeich. Näher kann man Wind und Wolken gar nicht sein. Und natürlich den Menschen, deren Blicke sich treffen, bevor sie sich auf die Drachen richten. Doch auch wenn sie abheben, bleiben sie bodenständig.

Moin!
Moin!
Zwei Augenpaare. Fingerzeige.
Ein bestätigendes Nicken.

Introduction to the City of Norden

People like to make fun of "Norden" as it is a pun. In German "Norden" means also "the North" so to say the compass point. Therefore people are often confused when you say, you are living in "Norden", and they asked: "Where do you live in the North?"

So some authors do introduce the locality a bit more precisely: Norden, they say, is the northwestern most city of Lower Saxony and Germany.

After the Second World War the coast of East Frisia has become a tourist area. The wind, fresh air and the sea invited the people to relax and enjoy life. The first slogan the citizens of Norden gave their small town called Norddeich, four kilometers further to the North, just beside the beach and sea, had been "The Green Gate to the Sea". Nowadays the slogan became obsolete, even though it is still the truth.

As the green is always greener on the other side; neighboring cities of Norden, Aurich and Leer, and the citizens of Norden themselves, teased each other by the old saw:

„In Aurich ist's traurig,
in Leer noch viel mehr,
und in Norden,
ist noch keiner was geworden"

"Aurich is sad,
Leer even so,
and Norden,
nobody has ever become anything"

The neighboring towns mocked each other - and the rest of Germany as well, as nobody could understand how one could make fun of themselves in this negative manner. But that's history. Having said this, we will turn away from jokes and puns to facts and reality. Geologically, the original settlement of Norden was located at the northernmost location of the "Oldenburg-East Frisia" sandy upland, formed 150.000 years ago during the second to last ice age, the Saale Ice Age. This area of the sandy upload was like a sandy island in the middle of marsh and sea. The "Galgentief" was a point beside the water, which formed a border in the south. Galgentief has the water been named because people were hanged by the gallows just beside the water. The first settler took advantage of the unique, relatively flood-secure position and the fertile soil, a steady growth could be documented: During the last centuries political influences, sometimes flood waters but also extensive sea encroachments and the resulting silt -up, through dike construction, land reclamation and land drainage tell us a lot about Norden and its countryside.

In the course of time Norden becomes economically an important marketplace and trade area, several decades Norden has also a harbor with direct access to the sea. With only minor exceptions though, the city does not expand further into the surrounding area until after the First World War. This is because the neighboring communities reject incorporation, Norden, compared to the size of other towns, remains a relatively small area of only 90 hectares (app. 225 acres) until the end of the First World War. Finally, at the end of January 1919, there is a literal breakthrough: The community of Sandbauerschaft, which borders the outskirts of Norden like a ring and

Der Wellenpark mit der Seehundaufzuchtstation ist ein Anziehungspunkt für Touristen.

The swimming bath „Ocean Wave" and the seal station are touristic highlights.

practically seals the town except for one opening to the south, agrees to give up its sovereign status after long and difficult bargaining and votes for a voluntary incorporation on all levels. Norden starts growing. After the Second World War Tidofeld is annexed – the area between Norden and Lütetsburg, formerly a military base and at that time a barracks camp occupied by refugees. At the end of the 1980's in the district of Tidofeld the Telematikzentrum is founded, an education center and a technology park covering approximately 10,000 square meters, with space for different start-ups firms.

Against their freewill the rest of several neighboring communities are forced to accept incorporation with Norden in 1972: In the process of the nationwide reorganization of provinces and local governments, the provincial government of Lower Saxony decrees the incorporation of Süderneuland I and II, Westermarsch I and II, and Lintelermarsch including Norddeich, Neuwesteel, Leybuchtpolder, Ostermarsch and Bargebur, which previously belonged to the community of Lütetsburg. In numbers, this means: The surface area of the city of Norden expands from 14 square kilometers (situation in 1972) to 106.32 square kilometers (situation in May 2000). Almost half of the surface area has been gained from the sea by land reclamation procedures undertaken since the 15th century. With a total of impressive 26 kilometers continuous dike line without any interruption, the city Norden and its countryside march directly on the North Sea. Towards the end of the 20th century the population levels out at approximately 25,000, showing a slight increase since the mid-1990s.

In 1977 the notably expanded town suffers a hard loss when the districts of Norden and Aurich - also decreed by law - are incorporated into one new district, with its local government offices located in Aurich. However, parts of the local government remains in Norden and the city did not give up and follows it development-plans, there are three: one for the north part of the city-area, one for the middle, and one for the south part of the city. This laid the foundation for a „new" Norden, combining progress and tradition, industry and commerce, culture and tourism – in a setting of coastal plains and marshlands adjoining the Wadden Sea National Park, with all the benefits of an invigorating coastal climate: oxygen-rich, salty air and temperate weather. Norden is consequently able to turn its apparent geographical isolation into an advantage and thereby benefit from new opportunities.

Norden ist eine grüne Stadt.

Norden is a green city.

The decision of three plans resulted from differently structured main areas along an approximate south-north axis. Firstly, at the southern end of the city-axis two important transport routes from inland regions converge and continue together directly to the coast – the electrified railway and the B72 trunk road, the most heavily used route to the motorway accesses at the southwest of East Frisia. Logically the industrial and trade area Leegemoor, 69 hectars, has also been locates in the south of the city with an direct access to the trunk road. The Leegemoor has developed from the 1970s and has become Norden`s first address for economy with many different firms in terms of trade and industry. Whilst in the 1990ies the traditional Doorkaat distillery in the midtown closed production and set around 600 workers free, the industrial park Leegemoor was a success story.

At the industrial area Leegemoor the biggest firm is today SKN Druck und Verlag, the publisher of the local newspaper Ostfriesischer Kurier and a big commercial printer with altogether over 400 employees. Second one is Doepke Schaltgeräte a producer of residual current device, electrical wiring devices that disconnect a circuit whenever it detects a leakage or similar fault current. The company employs 250 employees. Furthermore there should be mentioned, Norder Bandstahl with 200 employees, who specializes in further processing of steel bands into small straps that finishing firms could work with. Döpke Maschinenbau is also a well-known company at the Leegemoor, which builds dredgers with 100 employees, and also the Behindertenwerkstatt Norden with 230 employees, which looks after 350 handicapped persons by giving them jobs that replaces certain processing steps for industrial firms. Today the industrial park Leegemoor employs around 2.000 humans of Norden and its countryside.

Secondly, at the middle of the south-north axis, the second focal point comprises the historical city center, which has evolved through 750 years. Today the two main roads have become a pedestrian zone with a lot of shopping facilities. However the city center is not only the commercial heart of the city, there are also the traditional big marketplace, several old churches and the city`s council house located. Therefore the center of the city is the heart of Norden and makes the area to a unique attraction.

Thirdly, the northernmost point of the axis is the North Sea resort, Norden-Norddeich. Tourism has become the second most dominant economic factor in the district of Norden with a record of continual growth. Norddeich is the tourist center of Norden marching on the sea and about four kilometers to the north from the city-center. This part of the town has been developed over 30 years, to make the tourists happy. Infrastructure, firms supporting the tourist industry, medical support and so far are located at here. Norddeich is the home for the Dr. Becker Klinik, a rehabilitation clinic directly behind the dike. The rehabilitation clinic looks after neurodermatitis, mobilizing measures after operations, child-asthma, mother and child programs and other prescriptions. In the 80ies the city of Norden invested heavily into a swimming resort at Norddeich and renovated it after 2000. The highly modernized resort with a spa center and sauna got named Ocean Wave. On top of that Norddeich is unique because of a seal-station for "Heuler", baby seals, which were nearly to become a threatened species. The seal-station collects the lost seal-babies each year, feeds them and put them back to the sea, as they become adult.

Last but not least the National Park Waddensea becoming a world natural heritage gave birth to a National-Park-House at Norddeich in the house of the seal-station. Additionally the "Waloseum", a museum at the closed down "Norddeich Radio" the old telegraph station, was founded. Here one can see an old whale skeleton, several young sea dogs in quarantine, and a big exhibition about the birds living at the North Sea coast. Together with public infrastructure several nice hotels, four stars and plus-categories, have been developed in the years from 1990 up today. In these days have a half million tourist with around five million overnight stays are visiting the Norder countryside and the city of Norden. Since Norddeich harbor is the departure point for ferries to the islands of Norderney and Juist, a number of development and expansion projects have been carried out to the benefit of the entire harbor area. The coastal airport serves not only regional air traffic to the islands but also to other areas within Germany. As the growth of the wind energy industry in Germany has put lots of windmills on the land and is reaching its limits of potential locations in the country, windmill parks in the North Sea – offshore – are the solution for future as German politics are at a turning point: away from nuclear and fossil energy to natural energies - especially to wind.

Therefore Norddeich is not only a harbor to serve the tourist industry, but it becomes an industry harbor transporting maintenance personal to the windmill parks offshore. As Norddeich is located nearest to the potential windmill parks the Danish energy-firm Dong is building their North Sea offshore administration in Norddeich.

Sehenswert

Der Norder Marktplatz

Der baumbestandene, fast quadratische Norder Marktplatz mit einem in sich abgeschlossenen kirchlichen Innenbereich zählt zu den eindrucksvollsten Anlagen dieser Art in Deutschland. Nach jüngsten Messungen des Katasteramtes Norden im August 2000 ist er 6,678 Hektar groß. Die Vermutung, dass der heutige Marktbereich ursprünglich ein von den Bauerschaften aus der Umgebung genutztes Weideland war, ist nicht von der Hand zu weisen. Auch nach der im hohen Mittelalter zunehmenden Bebauung waren weite Freiflächen mit einem Grasboden bedeckt, wie der Gelehrte Ubbo Emmius 1616 schreibt. Auf dem 1726 von Jacob Menssen gezeichneten ältesten Norder Stadtplan sind ebenfalls große Grasflächen, aber auch schon einige Baumreihen zu erkennen.

1767 begann auf Anordnung der Obrigkeit die planmäßige Verschönerung mit weiteren Anpflanzungen, später auch mit Brunnen, Pumpen und Natursteinen (Flinten). Zahlreiche Gräben mussten zugeschüttet und der von Pächtern genutzte Weidegrund weitgehend eingeebnet werden. 1779 wurde das Weiden von Pferden, Eseln, Schafen und Schweinen amtlich untersagt. Zwei Bereiche des Platzes haben bis heute besondere Namen: Der Torfmarkt im Nordosten war einst – laut Zeitzeugen sogar bis nach dem Ersten Weltkrieg – der günstig gelegene Verkaufsplatz für den Brennstoff; die Bezeichnung ist auf dem Plan von 1726 bereits vorhanden. Der Blücherplatz im Westen erinnert an den preußischen Marschall, der 1795 aus militärischen Gründen in Norden für kurze Zeit ein Hauptquartier einrichtete. Mit dem Bismarckdenkmal auf dem Markt ehrten die Norder 1901 auch den ersten deutschen Reichskanzler. Der Markt ist Standort der Wochenmärkte und der Volksfeste – des Pfingstmarktes, des Beestmarktes im Herbst („Beest" gleich Rind; in Verbindung mit einem Tiermarkt), des Schützenfestes und des Stadtfestes, das auch die Innenstadt einbezieht.

Grüne Oase in der Mitte von Norden: der Marktplatz.

A green oasis in the centre of Norden: the market square.

The Marketplace

The almost rectangular marketplace in Norden, with its many trees and the church in its own separate grounds, is considered to be one of the most impressive of its kind in Germany. According to the latest measurements taken by Norden's land registry in August 2000, it is 16.5 acres.

It is difficult to disclaim the theory that what is today the market area was originally grazing land used by the peasants in the vicinity. Even after the increase in land development in the High Middle Ages, there were still large areas of grassland, as the scholar Ubbo Emmius writes in 1616. On the oldest plan of town Norden drawn by Jacob Menssen (Mensen) in 1726, there are also large areas of grassland, but some rows of trees can be seen as well. In 1767, the planned facelift began on the orders of the authorities resulting in widespread cultivation, and later in the use of natural stone (flint), fountains as well as pumps. Numerous graves had to be filled in and the pasture used by the tenants levelled to a great extent. In 1779, it was officially forbidden to graze horses, donkeys, pigs and sheep there. Two areas of the square still today have special names. The "Torfmarkt" ("Peat Market") in the southeast was once (ac-cording to people living there at that time) right up until after the First World War, the conveniently situated place for selling peat – the term can already be seen on the plan from 1726. The Blücher Square in the west is in memory of the Prussian Marshal, who for military reasons established his headquarters for a short period in Norden in 1795. The inhabitants of Norden also honoured the first German Imperial Chancellor by erecting the Bismarck monument in 1901. The marketplace is the location for weekly markets and festivals – the Whitsun market, the "Beest" market ("Beest" means cow/cattle in connection with a livestock market), the annual fair with its shooting competitions and the town festival which also includes the town centre.

Worth Seeing

Sonnabends und montags ist Wochenmarkt – Treffpunkt für Einheimische und Touristen.

It's market time on Saturdays and Mondays – meeting place for residents and tourists.

Die Ludgerikirche gilt als Ostfrieslands prächtigste Kirche, sowohl innen als auch außen.

The Ludgeri Church is said to be the most magnificent church in East Frisia, from the inside as well as from the outside.

Die Ludgerikirche

Das zentrale Bauwerk auf dem Markt ist die mächtige Ludgerikirche, heute das größte mittelalterliche Gotteshaus Ostfrieslands. Das Langhaus als ältester Teil stammt aus dem frühen 13. Jahrhundert. Das Querschiff in der heutigen Gestalt entstand 1445, nachdem ein vermutlich 1318 begonnener Vorgängerbau eingefallen war. Der dreischiffige Hochchor wurde vermutlich um 1455 fertiggestellt. An den beiden letzten Bauabschnitten war der Norder Häuptling und spätere ostfriesische Reichsgraf Ulrich I. Cirksena maßgeblich beteiligt. Im Querschiff beeindruckt die 1712 eingeweihte barocke Kanzel; ihr reichhaltiger Figurenschmuck erzählt die Heilsgeschichte. Die ältesten Sitzgelegenheiten sind der 1587 für den Magistrat errichtete Herrenboden und der 1596 gebaute Fürstenstuhl für das Haus Cirksena. Aus dem Jahre 1678 stammt das steinerne Grabdenkmal für Unico Manninga, den Lütetsburger Ahnherrn der Grafen und Fürsten zu Inn- und Knyphausen. Wahre Prachtstücke sind die sechs Messing-Kronleuchter, deren ältester von 1643 stammt. Zu den besonderen Kostbarkeiten im Hochchor

zählen der Taufstein aus dem frühen 14. Jahrhundert, das gotische Chorgestühl, ein um 1500 aus Kalksandstein errichtetes Sakramentshaus sowie der Hochaltar.

Mit der in der zweiten Hälfte des 17. Jahrhunderts von dem Hamburger Meister Arp Schnitger eingebauten Barock-Orgel besitzt die Kirche ein inzwischen international berühmtes Instrument von unschätzbarem Wert. Die Register mit ihren 3110 Pfeifen sind auf fünf verschiedene Werke verteilt. Die Klangfülle der zweitgrößten in Deutschland erhaltenen Schnitger-Orgel begeistert Experten und Liebhaber aus aller Welt. Die Kirche und die Orgel sind 1981-1985 gründlich restauriert worden.

Der freistehende Glockenturm mit einem Geläut aus drei Bronzeglocken geht auf das frühe 14. Jahrhundert zurück; viermal am Tag erklingt das 1992 eingerichtete Glockenspiel. Im Nordwesten grenzt der Fräuleinshof an den Markt. Nach der Reformation und vor dem Abbruch des Dominikanerklosters wohnten in einem „Froichenshof" genannten Teilbereich die Schwestern Theda und Armgard des Grafen Enno II.

Die Barockorgel schuf Meister Arp Schnitger zwischen 1686 und 1688.

The baroque organ was constructed between 1686 and 1688 by master craftsman Arp Schnitger.

Ein Relief über dem Nordportal des Querhauses zeigt die Anbetung der Heiligen Drei Könige.

A relief above the northern entrance of the transept portrays the worship of the three Magi.

Ludgeri Church

Ludgeri Church, the huge building standing in the marketplace, is the largest medieval church in East Friesland. The long house, built in the early 13th century, is the oldest part. The transept in its present form was completed in 1445 after a previous construction, believed to have been begun in 1318, had collapsed. The three-tier chancel is believed to have been completed around 1445. Ulrich I Cirksena, Norden's governor and later East Frisian imperial count, was involved to a great extent in the last two phases of building.

In the transept, the baroque pulpit, consecrated in 1712, is an impressive sight with the numerous, ornate figures depicting the salvation history. The oldest seats are the "Herrenboden" ("Lord's floor"), made in 1587 for the city council, and the "Fürstenstuhl" ("Prince's chair"), made in 1596 for the Cirksena family. The tombstone of Unico Manninga, the Lütetsburg ancestor of the counts and princes of Innhausen and Knyphausen dates back to 1678. The six brass chandeliers, the oldest of which dates from 1643, are really magnificent examples of decorative lighting. The early 14th century font, the Gothic choir stalls, the tabernacle made of sand-lime stone around 1500 and the high altar are some of the treasures in the chancel.

Moreover, the church houses an internationally famous instrument of immeasurable value – the baroque organ, constructed by Arp Schnitger, the master craftsman from Hamburg, in the second half of the 17th century. The organ has no fewer than five different sets of works for the 3,110 pipes divided into various ranks. The richness of tone coming from the second largest Schnitger organ still in existence in Germany sends experts and enthusiasts from all over the world into raptures. The church and the organ were completely restored between 1980 and 1985. The separate belfry houses three bronze bells dating back to the early 14th century. Since 1992 visitors also have been able to hear a beautiful carillon four times a day.

In the northwest, the "Fräuleinshof" ("Young Lady's Court") verges on the marketplace. It is said that after the reformation and before the dissolution of the Dominican monastery, Count Enno II's sisters, Theda and Armgard, lived in a section of this called "Froichenshof".

Der Alte Friedhof, einst Standort der Andreaskirche,
ist heute eine Grünanlage mit schattenspendenden Bäumen.

The Old Cemetery, once site of the Andreas Church, is today a tree-shaded park.

Der Alte Friedhof

Der alte Kirch- und Friedhof auf einer warfähnlichen Anhöhe nördlich der Ludgerikirche ist heute eine baumbestandene Grünanlage mit einigen noch erhaltenen Grabsteinen und -platten. 1996 bestätigten archäologische Bohruntersuchungen den einstigen Standort der 65 Meter langen Andreaskirche aus dem 13. Jahrhundert und damit die jüngsten Forschungsergebnisse und theoretischen Rekonstruktionsversuche. Das als „Stadtkirche" geltende Gotteshaus – im Gegensatz zur Ludgerikirche der Landesgemeinde Norderland – geriet ab 1531 in Verfall; die letzten Reste wurden 1756 abgetragen. Ihr mächtiger Westturm und die beiden Osttürme waren bis in die frühe Neuzeit weithin sichtbare Wahrzeichen. Überliefert ist, dass die Osttürme von zwei Schwestern der Norder Familie Idzinga gestiftet worden sind.

In der Mitte der Anhöhe stießen die Wissenschaftler auf einen offensichtlich aus Heidesoden errichteten älteren Kernhügel, auf dem der Stand-ort einer hölzernen Vorgängerkirche angenommen werden kann. Der sagenumwobene „Warzenstein" könnte in einem Holzbau als Ständerstein gedient haben. Der Kirchenbereich war früher fast ganz von einer Mauer umgeben, die an der Nord- und Ostseite noch vorhanden ist. (Zu den Themen Marktplatz, Kirchen und Alter Friedhof siehe auch das Kapitel zur Norder Geschichte).

The Old Cemetery

The old churchyard or cemetery which was used until 1897 is situated on a mound north of Ludgeri Church and is today a wooded park with a few well-preserved gravestones and memorial slabs. Archaeological investigations in 1996 discovered that this used to be the site of the 214 ft. long Andreas Church dating back to the 13th century and thus confirmed the most recent research and attempts at a theoretical reconstruction. This place of worship which was regarded as the "municipal church" (and not Ludgeri Church which belonged to the municipality of Norderland) fell into decay as of 1531, and the final remnants were cleared away in 1756. The massive west tower and the two east towers were visible landmarks until the beginning of modern times. It is said that the east towers were donated by two sisters from the Idzinga family in Norden.

In the middle of the mound, the scientists hit upon an older central knoll obviously made from earth taken from the moor. It can be assumed that this was the site of a previous wooden church. The legendary "Warzenstein" ("wart stone") could have served as ballast in a wooden building. It is said that bishop Rimbert (or Rembert) from Bremen kneeled on this boulder during the legendary battle against the Normans (884), praying for the victory of the Frisians. He persevered until his knees hollowed out the surface of the stone. The superstitious believe that the rainwater remaining in the depression can heal warts. The church grounds used to be completely surrounded by a wall which still exists to the north and the east. (For more information on the marketplace, churches and the old cemetery, see the section on the history of Norden).

Das Alte Rathaus

Wie mehrere andere Gebäude im Marktbereich gehörte das Alte Rathaus an der Westseite einst der Kirche. Urkundlich erwähnt wird es erstmals 1539 im Zusammenhang mit dem Wiederaufbau des offensichtlich acht Jahre zuvor in kriegerischen Auseinandersetzungen zerstörten Vorgängerbaus. Der Keller stammt immerhin aus dem späten 13. oder frühen 14. Jahrhundert.

Seit der Neueinweihung im Herbst 1542, die mit Huldigungsfeierlichkeiten für die Landesmutter Gräfin Anna und ihre Söhne verbunden war, hat das Alte Rathaus mit seinem einzigen noch in Norden erhaltenen Treppenturm und dem so genannten „Rummel" (Sitzungs- und Festsaal) im Obergeschoss ganz unterschiedlichen Zwecken gedient: Zu Zeiten, als noch die Kirche Herrin im Hause war, hatte die Stadt ein Mitnutzungsrecht und beherbergte hier zeitweise unter anderem die Kanzlei, die Kämmerei und das Stadtgericht. Oben im Turm gab es ein Gefängnis. 1861 trat die Kirche das Gebäude an die Stadt ab, die es bis zum 1884 erfolgten Umzug in das heutige Neue Rathaus an der Markt-Südseite als Verwaltungssitz nutzte. Seit 1922 ist das Alte Rathaus an den Heimatverein Norderland vermietet, der zwei Museen unterhält (siehe unter „Museen").

Im Südteil des unteren Stockwerks, in der Theelkammer, versammelt sich jeweils vor Ostern und Weihnachten die Theelacht („Theel" gleich Teil, „Acht" gleich Genossenschaft), ein seit über 1000 Jahren auf genossenschaftlicher Basis geführter Familienverband und als solcher die älteste bäuerliche Gemeinschaft Europas. Die Treffen, an denen nur Männer teilnehmen, verlaufen nach uralten Bräuchen. Nach der eigenen mündlichen Überlieferung sieht die Theelacht ihren Ursprung in der Normannenschlacht von 884 nach Christus, als die Friesen das von den Wikingern zurück eroberte Land in gemeinsamen Besitz nahmen. Andere Darstellungen bestätigen zwar das hohe Alter der Genossenschaft, führen die Entstehung aber auf einen Gründungsakt mächtiger Geschlechter des Norderlandes zurück.

Jünger als die Theelacht sind die 1632 von Norder Bürgern gegründete Leegemoorgesellschaft und die seit rund 500 Jahren bestehenden Alten Bürgerlande, ursprünglich Weidegenossenschaften, deren Ländereien sich heute überwiegend in Erbpacht der Stadt Norden befinden. Die alljährlichen Abrechnungsversammlungen im Deutschen Haus sind gesellschaftliche Ereignisse besonderer Art – auch in diesem Fall nach altem Ritual und ausschließlich für die Berechtigten männlichen Geschlechts.

The Old Town Hall

Like many other buildings in the market area, the old town hall to the west also used to belong to the church. It appears in documents for the first time in 1539 in connection with the reconstruction of the earlier building which had obviously been destroyed six years previously during hostilities. In any event, the cellar dates back to the late 13th or early 14th century.

Since its (re)completion in autumn 1542, which was combined with celebratory tributes to the sovereign lady, Countess Anna, and her sons, the old town hall with the only exam-ple of a stepped tower still existing in Northern Germany and the so-called "Rummel" or "commotion" (conference and banqueting hall) on the upper floor, has served various purposes. During the times when the church still held sway, the town had the right of use and at times such institutions as the municipal offices, the treasure chamber and the local court were to be found here. At the top of the tower there was a prison. In 1861,

Das Alte Rathaus dient heute als Teemuseum.

Today, the Old Town Hall is a Tea Museum.

the church handed the building over to the town and it was used as the administrational centre until 1884 when the move into the new town hall on the south side of the market took place. Since 1922, the old town hall has been leased out to Norderland's local history society and now houses two museums (see "Museums").

Every year before Easter and Christmas, there is a gathering of the "Theelacht" ("Theel" meaning "part" and "Acht" meaning "co-operative"), a family association that has been in existence as a type of co-operative for more than 1,000 years and is therefore the oldest community of farmers in Europe. These meetings, in which only men participate, take place in the "Theelkammer" (chamber) in the southern section of the first floor and are held in accordance with age-old customs. According to one tradition that has been verbally handed down, the "Theelacht" has its origins in the battle with the Normans in 884 AD when the Frisians took joint possession of land that the Vikings had recaptured. According to other versions, however, the "Theelacht" is truly old, but possibly was originally founded by a group of powerful families from Norderland.

The Leegemoor society, founded by the citizens of Norden in 1632, and the "Alte Bürgerlande" ("Old Civil Lands", originally old pasture co-operatives), in existence for approximately 500 years, are not as old as the "Theelacht". Today, their land is predominantly on hereditary lease from the town of Norden. The annual "settling-up" meetings in the hotel "Deutsches Haus" ("German House") are social events of a special kind – also in accordance with old rituals and exclusively for those members of the male sex who are entitled.

Die Markthäuser ...

Zahlreiche stattliche Bürgerhäuser und öffentliche Gebäude mit alter Bausubstanz rahmen an allen Seiten den weiträumigen Marktplatz ein und schaffen ein in Ostfriesland einmaliges Ambiente. Acht noch erhaltene, wenn auch im Laufe der Zeit größtenteils veränderte oder neue Häuser an der Nordseite (darunter das bekannte Haus Vienna), vier an der Südseite und je eins an der West- und Ostseite waren im Mittelalter „adlig frei" oder „rossdienstpflichtig". Das bedeutet: Hier nahmen einst begüterte und einflussreiche bäuerlich-bürgerliche Familien, die so genannten Edelingsgeschlechter, aus dem Umland in „Stadthäusern" und damit in direkter Nähe des Handels ihren Wohnsitz; manche von ihnen besaßen auch weiterhin einen „Herd" (Hof, Besitz) in der ländlichen Umgebung.

Die Besitzer von Grund und Boden mit adligen Freiheiten und Privilegien mussten bei festlichen Anlässen am regierenden Hof in Aurich erscheinen, bei Freuden- oder Trauerfällen Pferde stellen und bei Hof repräsentieren. Bis auf eine Abgabe an die Kirche waren diese Häuser von gemeinen Bürgerlasten befreit. An der Westseite siedelten sich über Jahrhunderte hinweg überwiegend Kaufleute und Handwerker an.

Gründliche Keller-Untersuchungen durch das Groninger Büro Frank van der Waard in den Jahren 1997-1999 haben endlich viele Vermutungen bestätigt oder korrigiert: Die meisten am Ende des 13. oder im frühen 14. Jahrhundert gebauten „Stadthäuser" wurden auf großen Parzellen um den Markt gebaut. Es handelte sich überwiegend um so genannte Traufhäuser mit der Dachseite parallel zum Markt und dicken, wehrhaften Mauern; sie waren ganz oder teilweise unterkellert und zumeist von Gewölben überdeckt. Später wurden von den großen Grundstücken Parzellen abgeteilt, auf denen dann Giebelhäuser entstanden. Eine Besonderheit, die sich mit einer ähnlichen Situation in Groningen vergleichen lässt: Fast alle Keller unter dem vorderen Bereich der Häuser waren vom Markt aus zugänglich; sie hatten eine Marktfunktion und dienten der Handelsnutzung. Bei einem Rundgang betrachten wir einige Häuser etwas näher:

Das heutige Neue Rathaus an der Südseite (Hausnummer Am Markt 15), Sitz der Stadtverwaltung, wurde 1855 im klassizistischen Stil errichtet; erste Nachrichten über Vorgängerbauten liegen aus der Mitte des 16. Jahrhunderts vor. Die westlich angrenzende Mennonitenkirche (16-18) besteht aus einem ehemaligen Privathaus (Jahreszahl 1662), das die Mennoniten (auch Taufgesinnte) 1795 kauften; die angebauten Nebenhäuser entstanden 1796 und 1835. Das Haus Am Markt 19, über das nur spärliche Nachrichten vorliegen, beherbergte ab 1875 die frühere Ackerbauschule, später die Kreismusikschule und ist seit einigen Jahren Sitz des Standesamtes. Nach einem ehemaligen Eingangsbereich heißt das nächste Haus (20) „Blaue Pforte". Wie das angrenzende Gebäude, das nach einer früheren Gastwirtschaft benannte „Elephantenhaus", wird es 1595 erstmals erwähnt; hier soll der Dichter Wilhelm Busch, der gelegentlich bei seinem Vetter Nöldeke in Norden weilte, gern eingekehrt sein.

An der Markt-Westseite setzt sich die Reihe der stattlichen Bürgerhäuser fort, deren Ursprung teils in das Mittelalter zurückgeht. Einer der Besitzer des Hauses 34 soll der Gelehrte Ubbo Emmius gewesen sein, der von 1579 bis 1587 Rektor der Norder Lateinschule war. Vom Alten Rathaus aus fällt der Blick auf das westlich der Ludgerikirche gelegene uralte Weinhaus, das einst im Besitz der Kirche war und in dem mindestens seit dem 16. Jahrhundert eine Schenk- und Gastwirtschaft betrieben wur-

Auch die Polizei residiert in einem historischen Gebäude am Markt.

The police is also located in one of the historical buildings.

de; später war es Hotel und nach einem Umbau Finanzamt, danach ist es Dienststelle der Kriminalpolizei und der Kirche geworden. Ein Kellerbereich stammt aus dem 13./14. Jahrhundert.

Im 16. Jahrhundert entstand an der Nordwestseite des Marktes das Haus 46 mit einer für viele Markthäuser typischen Vorderfront (7 mal 16 Meter) und einem weit nach hinten reichenden Baukörper; der Anbau besteht erst seit 1900. An der Nordseite des Platzes fällt das vor einigen Jahren vom Landkreis erworbene und von Grund auf restaurierte Haus Vienna (55/56) von 1550 auf. Es ist das älteste im Originalzustand erhaltene Gebäude in diesem Bereich. Kaum jemand wird vermuten, dass sich unter dem Haus 56 (Ecke Gartenstraße) ein Keller aus dem späten 13. Jahrhundert befindet. Die Ostseite des Marktes wird vom 1911 errichteten Postamt und dem daneben stehenden, noch erhaltenen Südteil des einst Hochgräflichen Hauses beherrscht, in dem ab 1665 Edzard Ferdinand als Graf von Norden

Rechts die Alte Backstube, in der Mitte der Turm des Alten Rathauses.

On the right the Old Bakery, a pub, in the center the tower of the Old Town Hall.

kurze Zeit residierte. Am Torfmarkt erinnert eine Gedenktafel an der ehemaligen Osterpastorei (Haus 7) zum einen an den Begründer der deutschen Rechtsgeschichte und Universalgelehrten Hermann Conring, der 1606 hier geboren wurde, zum anderen an den Mediziner Johann Christian Reil, der in Norden das Gymnasium besuchte, nach 1782 in der Stadt eine ärztliche Praxis betrieb und später Professor in Halle war. Bemerkenswert ist das Vossenhus (seit 1983 Stadtbibliothek), dessen ältester Teil aus dem frühen 16. Jahrhundert stammt. Der Name geht auf die Kaufmanns- und Weinhändlerfamilie Voss zurück, die 1781 in dem Gebäude einen bis um 1871 bestehenden Gasthof einrichtete. Eine aus Sandstein gefertigte Tafel mit einem von Reben umrankten Fuchs („Voss") ziert die Vorderfront. An der Südseite des Torfmarktes ist eine Fassade von 1617 mit dem Wappen des Erbauers in den Neubau des Polizeigebäudes einbezogen

worden. Aus bislang ungeklärten Gründen wurde das angrenzende Gebäude schon in einem Verkaufsvertrag von 1654 „Haus Monsieur" genannt. Der Rundgang endet bei dem um die Wende des 17. Jahrhunderts im Renaissancestil entstandenen, aus drei Häusern bestehenden Gebäudeensemble „Drei Schwestern". Die 1963 abgebrochene „Dritte Schwester" (neben dem Rathaus) ist 1991 für die Nutzung als Fremdenverkehrsbüro rekonstruiert worden.

The Houses at the Marketplace

The spacious marketplace is framed on all sides by numerous impressive-looking private houses and public edifices. The old fabric of these buildings creates an atmosphere that is unique in East Friesland. It ist documented, that eight well-preserved (even if they have been greatly changed in the course of the years) or new buildings to the north, including the well-known "Haus Vienna", four to the south and in each case one to the west and east were "of free nobility" or "subject to horse service". This means that bourgeois farming families that once owned land and had influence, the so-called noble families from the surrounding countryside, had taken up residence here in these "town houses" and by doing so had moved very close to the business world. Many of them still also kept a "hearth" (farm and property) in the surrounding countryside.

The landowners with the freedom and privileges of the nobility had to appear at special events at the governing court in Aurich, provide horses for festivities and bereavements and represent others at the court. Except for a contribution to the church, these houses were exempt from the general financial burdens of the other citizens. For centuries, predominantly merchants and craftsmen lived on the west side.

Between 1997 and 1999, the company Frank van der Waard from Groningen carried out thorough examinations of cellars as a result of which many conjectures have either been confirmed or corrected. Most of the "town houses" built in the late 13th or early 14th century, were constructed on large plots of land around the marketplace. They were mostly so-called "eaves houses" with thick, protective walls and positioned so that the roof was parallel to the marketplace. They all had either a small or a large cellar and mostly vaulted. Later, parcels of land were taken from the large plots for building gabled houses. There was one peculiarity which was comparable with a similar situation in Groningen – almost all the houses at the front had cellars that were accessible from the market. In other words, they had a market function and supported trading. Let us now go on a little tour and look at some of these houses somewhat closer.

We begin at the new town hall on the south side (address: Am Markt 15), the residence of today's local authorities. As far as it is known today the mennonite preacher Laurens van Hülst built the dwelling house in 1855 in classical style in the place of a previous building which was already mentioned in the middle of the 16th century. The clergyman owned the property since 1852. Before that it belonged to his father-in-law, the rich merchant Sicco Doden Cremer. The son and heir Theodor van Hülst sold it in May 1884 for 50000 Mark to the town. On September 23rd 1884 the town council members gathered here for the first time after moving from the cramped quarters of the old town hall.

To the west, it is bordered by the Mennonite Church (16-18) which used to be a private house (year 1662) until the Mennonites (a Baptist group) bought it in 1795. The appearance of the adjacent buildings is the same today as when they were constructed in 1796 and 1835. Very little is known about the house with the address Am Markt 19 (built in 1879), about its predecessor buildings and about its former residents. It housed what used to be the agricultural school, later the district music school and for the last few years it has been the location of the registry office.

The next building (20) is called "Blaue Pforte" ("Blue Gate") after a former entrance on the east side. In the adjacent building "Elephantenhaus" ("Elephant House"), named after an old inn, the writer Wilhelm Busch, who occasionally stayed with his cousin Nöldeke in Norden, is supposed to have enjoyed dropping in here. On the west side of the market, the row of imposing town houses continues. The origins of some of these houses go back to the Middle Ages. One of the owners of house no. 34 (or 33?) is supposed to have been the scholar Ubbo Emmius who was the rector of Norden's Latin school from 1579 until 1587. From the old town hall you can look out onto the ancient so-called "Weinhaus" situated to the west of Ludgeri Church. This "Weinhaus" used to belong to the church and was an inn as of the 16th century at the latest. Later it became a hotel and, after renovation, the tax office. Following that, it was used as offices for the CID and finally then for the church. The cellar dates back to the 13th/14th century.

The much admired house no. 46 on the northwest side of the market was built around 1500 and rebuilt in 1680. It has a façade that is typical for many of the market houses (23 x 52.5 feet) and stretches back a considerable distance. There is also an extension that was not built until 1900.

On the northern side of the square, house no. 55 "Haus Vienna", attracts your attention. Built in 1550, "Haus Vienna" was purchased by the local government a few years ago and given a complete facelift. It is the oldest building in this area still in its original condition.

Hardly anyone would suspect that there was a cellar from the late 13th century under house no. 59 on the corner of Gartenstrasse. The east side of the market is dominated by the post office, built in 1911 and, next to it, the well-preserved southern part of what was once the count's residence. It was here that Edzard Ferdinand, Count of Norden, resided for a short time as of 1665. A plaque on the "Torfmarkt'" commemorating the former "Osterpastorei", ("pastor's house", no. 7) reminds us on the one hand of the founder of German legal history and universal scholar, Hermann Conring, who was born here in 1606, and on the other hand of the doctor, Johann Christian Reil, who went to the grammar school in Norden, had his surgery in the town as of 1782 and was later professor in Halle.

The "Vossenhus" (the town library since 1983) is also worth mentioning. The oldest part of this building dates back to the early 16th century. The

An der Ostseite des Marktplatzes steht das alte Postgebäude.

On the east side of the marketplace is the old post office.

building was named after the Voss family, businessmen and wine merchants, who presumably in 1771 established an inn in the building which was in existence until 1871. A sandstone plaque showing a fox ("Voss") entwined with tendrils, decorates the façade. On the south side of the "Torfmarkt", a façade from 1617 with the architect's coat of arms has been included in the modern police station.

For some inexplicable reason, the neighbouring building (no. 11) is named "Haus Monsieur". The name was already mentioned in a contract of sale dating from 1654 when Jacob Wermelskirchen bought it and probably rebuilt it. Puzzling is the fact that in the Norden book of citizens the purchaser is explicitly titled as "Mons. Wermelskirchen".

The tour ends with the group of buildings called the "Drei Schwestern", ("three sisters"), consisting of three houses built around the turn of the 17th century in the Renaissance style. The "third sister" (next to the town hall) which was demolished in 1963, was reconstructed in 1991 for use as a tourist information office.

... und andere Gebäude

Nach der Zerstörung der an Baudenkmalen reichen Emder Innenstadt im Zweiten Weltkrieg besitzt Norden an der Osterstraße mit dem Haus Schöningh das schönste erhaltene Beispiel eines Patrizierhauses der Renaissance in Ostfriesland. Der 1576 errichtete Bau zeigt die für diese Zeit typischen Sandsteinbänder im Mauerwerk, eine ganz in Fenstern aufgelöste Giebelwand und oben an den Seiten des Giebels Sandsteinfiguren, die die Taten des Herkules darstellen. Am nördlichen Neuen Weg (119–120) steht ein anderes Kaufmanns- und Patrizierhaus mit einem Keller aus dem späten 16. Jahrhundert, bekannt als „Haus Amsterdam". – Die Sparkasse, Privatbesitzer und Bürgerinitiativen haben ihren Anteil an der beispielhaften Sanierung alter Packhäuser und anderer Gebäude im Stadtzentrum. Als Typus des kleinen Bürgerhauses im Stil des 17. Jahrhunderts mit runden und pfeilerförmigen Giebelstaffeln gilt das Haus Jatzke (Westerstraße 89). Fast am Ende der Alleestraße prägen Figurengruppen oben am Giebel und zwei steinerne Löwen am Eingang den Hof „Seldenrüst" („selten Ruhe"), im Volksmund auch Löwenhaus genannt.

An die 1929 durch den Bau des Leybuchtsiels beendete Blütezeit des Alten Hafens erinnern das 1857 erbaute, vor einigen Jahren in Privatinitiative für Wohn- und Restaurationszwecke hergerichtete ehemalige Pack- und Zollhaus, die frühere Hafenmeisterei sowie restaurierte

Petersbörg, ein ursprünglich um 1560 gebautes Steinhaus in Ostermarsch, steht unter Denkmalschutz. Der Hof wurde 1979 restauriert.

Petersbörg, a stone house in Ostermarsch, built around 1560, is a listed monument.

Alter Gulfhof in der Westermarsch, einem Ortsteil der Stadt Norden.

An old gulf farmhouse in the district of Westermarsch.

Gulfhof in Tidofeld.
Another typical gulf farmhouse in Tidofeld.

Gebäudeteile der nach Norddeich übergesiedelten Werft Herlyn. Mit dem 1775 massiv aus Stein errichteten Fridericussiel in Süderneuland blieb eines der letzten historischen Bauwerke dieser Art erhalten. Im Rahmen des 1985 begonnenen Leybuchtprojektes mit dem Ziel, den Küstenschutz, die Entwässerung und die Greetsieler Hafensituation zu verbessern, sind von Anfang an auch Norder Interessen berücksichtigt worden. Der wieder mögliche direkte Zugang zur Nordsee ist vor allem für den Wassertourismus ein Vorteil. An die einst mühlenreiche Stadt Norden erinnern noch drei Galerieholländer: die Deichmühle von 1900 (Bahnhofstraße, am Standort mehrerer Vorgängerbauten), die gegenüberliegende Frisia- oder Gnurremühle (1991 rekonstruiert) sowie die 1864 erbaute Westgaster Mühle an der Alleestraße.

Other Buildings

After the destruction of Emden town centre with its many architectural monuments in the Second World War, Norden has with its "Haus Schöningh" in Osterstrasse the most beautiful example of a Renaissance patrician house in existence in East Friesland. The house built in 1576 has sandstone bands typical for this period in its brickwork, a gable wall almost entirely made up of windows and, at the top of the building adjacent to the gable, sandstone figures depicting the deeds of Hercules. Another merchant and patrician house at the northern part of the Neuer Weg (120) is known as "Haus Amsterdam" (so called because the former owner, the Netherlands consul Steinbömer, fixed a picture of Amsterdam above the entrance), with a cellar dating back to the 16th century situated to the north in "Neuer Weg", no. 120. The savings bank, private owners and citizens' action groups are all involved in the exemplary rehabilitation of old warehouses and other buildings in the town centre.

"Haus Jatzke" (Westerstrasse 89) is considered to be a typical example of the small town house in the 17th century style where the gable wall has round, pillar-shaped steps. Almost at the end of "Alleestrasse", groups of figures at the top of the gable wall and two stone lions at the entrance give the "Seldenrüst" ("seldom rest") farm its character and its local name "lions house". The former warehouse/customs house built in 1857, restored with the

Die Reformierte Kirche im Ortsteil Bargebur.
The reformed church in the district of Bargebur.

Die Kirche von Bargebur wird auch für Konzerte genutzt.

The church in Bargebur is also used for concerts.

Umfassend restaurierte Müllerhaus im Ortsteil Bargebur.

The elaborately restored miller house in Bargebur.

help of private initiative and converted into dwellings a few years ago, the former harbour-master's house and refurbished buildings that belonged to the Herlyn shipyard which was moved to Norddeich remind us of the heyday of the old harbour that ended in 1929 with the construction of the Ley bay sluice. One of the last historic constructions of this kind, the Fridericus sluice in Süderneuland, made in 1775 of solid stone, has been preserved. The Ley bay project was initiated in 1985 to protect the coastline, drain the land and improve the situation of Greetsiel harbour. From the outset, this project also took into account the interests of town Norden. The possibility of having once more direct access to the North Sea is a big advantage for tourism in particular.

"Deichmühle", built in 1900 on the site of several previous windmills in Bahnhofstrasse, "Frisiamühle/Gnurremühle", reconstructed directly opposite in 1991, and "Westgaster Mühle", built in 1864 in Alleestrasse – these three windmills remind us of the fact that Norden once had an abundance of windmills.

Restauriertes Lager- und Packhaus am Neuen Weg.

The restored depository warehouse at the Neuer Weg.

Alt und Neu ergänzen sich in Norden zu einer harmonischen Einheit.

Old and new grow together.

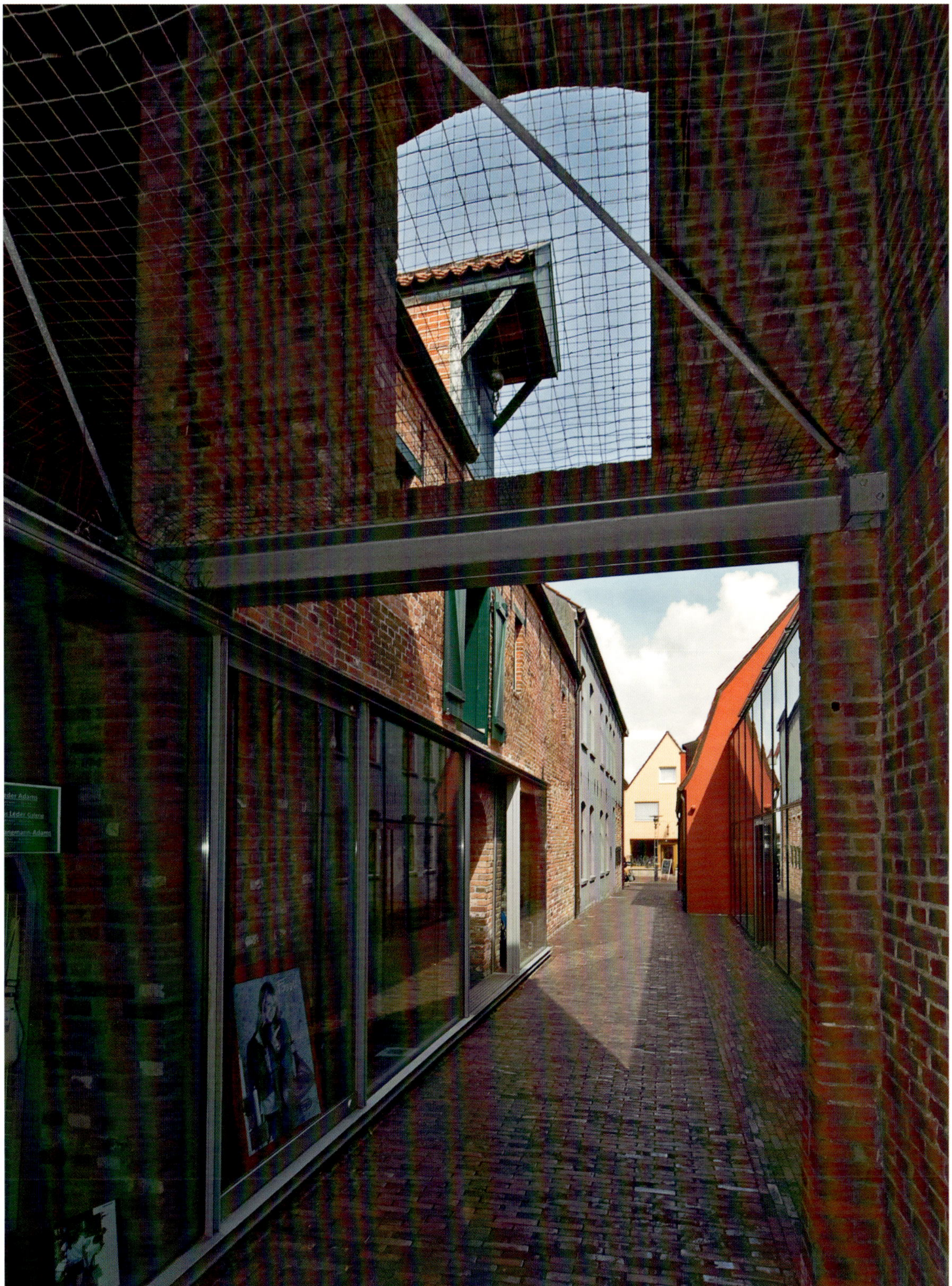

Schmale Lohnen verbinden den Neuen Weg mit der Heringstraße.

Small alleys are the connections from the Neuer Weg to the Heringstraße.

Blick auf die Deichmühle, rechts das Alte Zollhaus.

The Deichmühle and the Old Tollhouse.

Der Gewerbe- und Dienstleistungspark Leegemoor liegt im Süden der Stadt.

The industry park Leegemoor is located in the South of the town.

Seit 1887 wird bei der Norder Firma Onno Behrends Ostfriesentee gemischt.

Since 1887, the company Onno Behrends produces East Frisian Tea.

Das Automobilmuseum in der Ostermarsch hat echte Raritäten zu bieten.
The automobile museum presents several curiosities in Ostermarsch.

Museen und Sammlungen

Das bereits seit 1922 bestehende Norder Heimatmuseum im Alten Rathaus (Markt 36) und das 1989 im angrenzenden Haus Westerstraße 1 eröffnete Ostfriesische Teemuseum werden vom Heimatverein Norderland betrieben. Das in seiner Art in Europa einzigartige Teemuseum stellt auf drei Ebenen die Besonderheiten der ostfriesischen Teekultur und der Teewirtschaft vor dem Hintergrund der weltweiten Kulturgeschichte des Getränks dar. – Das Heimatmuseum zeigt die Entwicklungsgeschichte der Stadt, die ostfriesische Wohnkultur sowie Handwerk und Handel vergangener Zeiten im Original.

In der Großneustraße 13 hat der Kunstkreis Norden von 1989 bis 1992 ein historisch wertvolles Bürgerhaus vor dem Verfall bewahrt und das Kunsthaus Norden für Ausstellungen von der klassischen Moderne bis zur Neuzeit geschaffen.

Mit dem Wiederaufbau der Frisia- oder Gnurremühle am Südeingang der Stadt etablierte sich in der zweiten Etage das Muschel- und Schneckenmuseum mit über 800 Schaustücken aus allen Weltmeeren. Zu speziellen Themenbereichen entstanden ferner das Schiffsmodell- und Buddelschiffmuseum (Norddeich, Backersweg), der Rettungsschuppen der Gesellschaft zur Rettung Schiffbrüchiger (Norddeich, Tunnelstraße) und die Ostdeutsche Heimatstube am Alten Siel in Norden. Als Nostalgie auf Schienen konnte 1987 die Museumseisenbahn Norden-Hage-Dornum eröffnet werden – eine rollende Erinnerung an den vier Jahre zuvor eingestellten Personenverkehr der Bundesbahn auf dieser Strecke. Im Lokschuppen auf dem Norder Bahnhofsgelände, einem Baudenkmal, richtete der Trägerverein ein Eisenbahnmuseum ein.

Das Teemuseum zeigt seltene Teekannen.

A seldom teapot at the museum.

Der große Saal des Alten Rathauses, auch Rummel genannt. Ein passender Rahmen für die ostfriesische Teezeremonie.

The great hall in the Old Town Hall is also called „Rummel" and provides the right atmosphere for a tea ceremony.

Der Kamin des Alten Rathauses ist eines der Highlights des Teemuseums.

The fireplace of the Old Town Hall is one of its highlights.

Das Teemuseum gewährt faszinierende Einblicke in die alte ostfriesische Wohn- und Teekultur.

The tea museum offers fascinating insights into old East Frisian habitation and tea culture.

Museums and Collections

Norden's museum of local history, which has been in existence since 1922, is housed in the old town hall (Markt 36) and the East Frisian tea museum, opened in 1989, is to be found in the adjoining building with the address Westerstrasse 1. Both are run by the Norderland's local history society. The tea museum is the only one of its kind in Europe; visitors can see on three floors exhibits on the specialities of the East Frisian tea culture and tea industry against the background of the worldwide cultural history of the beverage. The local history museum shows the history of Norden's development, the East Frisian style of home furnishing in addition to handicraft and trade in the past with original exhibits.

Between 1989 and 1992, Norden's art enthusiasts saved a historically valuable town house from falling into a state of decay and created Norden's art

Ein Blick in die umfangreiche Sammlung des Teemuseums.

A view into the magnificent collection of the tea museum.

gallery for exhibitions of the classical modern arts. The seashell and snail museum with more than 800 exhibits from all the oceans in the world occupies the second floor of the reconstructed windmill Frisiamühle/Gnurremühle at the southern entrance to the town. Furthermore, there are museums on other themes – the museum for model ships and ships-in-bottles (Norddeich, Backersweg), the lifeboat station of the society for saving shipwrecked people (Norddeich, Tunnelstrasse) and the East German local history museum (Am Alten Siel). The museum railway Norden-Hage-Dornum, opened in 1987, provides nostalgic rides on a stretch of line for passenger trains that had been closed by the German railway four years previously. In the locomotive shed on the grounds of Norden's railway station, an architectural monument, a railway museum was set up by a group of sponsors.

Komposition aus Blau und Gelb: Rapsblüte im Norder Land.

Yellow rape flowers and blue cornflowers: typical for Norden's environment.

Abends verwandelt sich das Wattenmeer in ein Farbenmeer aus Rottönen.

In the evening, the Wadden Sea turns into a blaze of colour.

Die Wasserrutsche vom „Ocean Wave“.

The water slide of the „Ocean Wave“.

Nationalpark-Zentrum und Seehundstation

Über die Ökologie, die Bedeutung und die Bedrohung des Wattenmeeres informiert das Nationalpark-Zentrum am Dörper Weg in Norddeich in einer ständigen Ausstellung sowie in Sonderveranstaltungen. Im selben Gebäude ist die für das gesamte niedersächsische Wattenmeer zuständige Seehundaufzucht- und Forschungsstation Norddeich angesiedelt; hier werden jährlich bis zu 50 kranke oder mutterlose Seehunde, aber auch andere Meeressäuger gesund gepflegt und wieder in die Nordsee zurückgebracht.

Fischereihafen

Neben dem Fremdenverkehr ist die Fischerei in Norddeich immer noch ein traditionsreicher Erwerbszweig. So ist die malerische Fischkutterflotte im Osthafen nicht nur ein Anschauungsobjekt. Das wirtschaftliche Rückgrat der vor Ort ansässigen Betriebe ist die Speisekrabbenfischerei im Wattenmeer. Für Schollen und Seezungen müssen die Fischer weit hinausfahren.

Wo ist was? – Where is what?

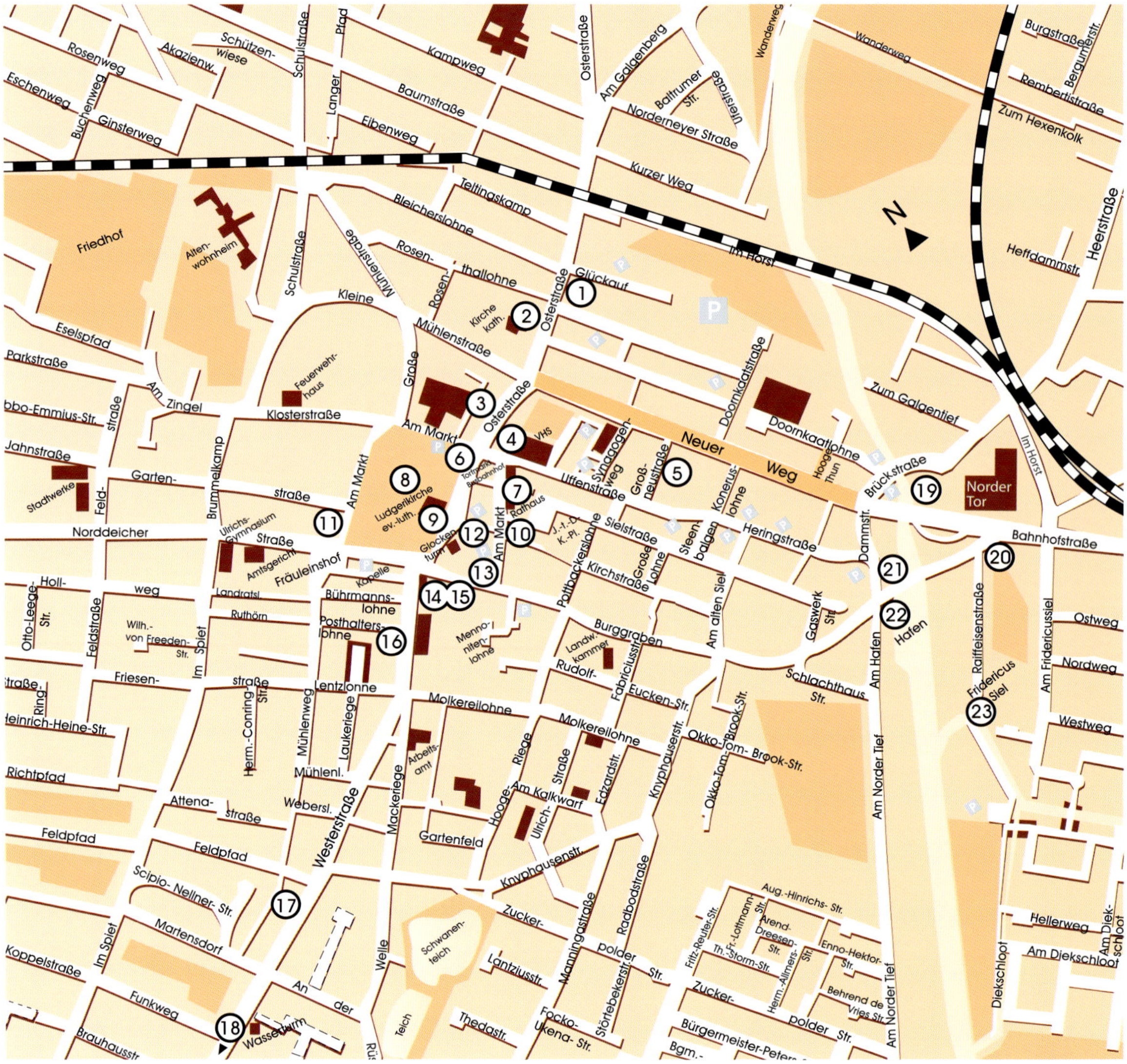

1 Baptistenkirche
Baptist Church

2 Katholische Kirche
Catholic Church

3 Haus Schöningh
House Schöningh

4 Vossenhus, Weiterbildungszentrum
Vossenhus, Adult Education Centre

5 Kunsthaus/Art Gallery

6 Bismarckdenkmal
Bismarck Memorial

7 Die drei Schwestern
The Three Sisters

8 Alter Friedhof,
Old Cemetery

9 Ludgerikirche
Ludgeri Church

10 Mennonitenkirche
Mennonite Church

11 Haus Vienna/House Vienna

12 Glockenturm
Belfry

13 Blücherplatz
Blücher Place

14 Altes Rathaus mit Theelkammer
Old Town Hall with Theelkammer (Part Chamber)

Legende/Legend

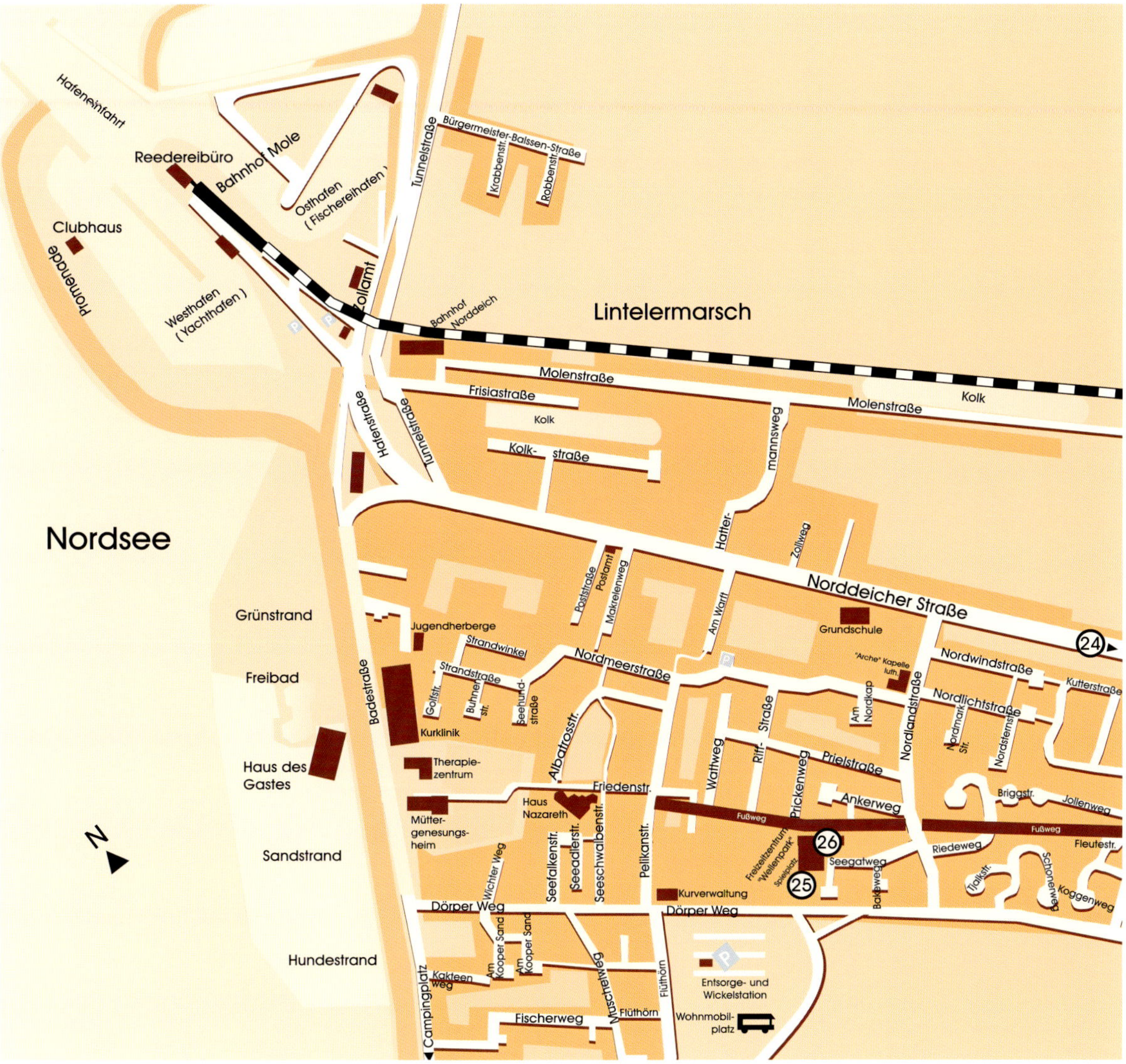

15 Ostfriesisches Teemuseum
East Frisian Tea Museum
16 Haus Jatzke/House Jatzke
17 Westgaster Mühle
Westgaste Wind Mill
18 Haus Selden Rüst
House Selden Rüst
19 Gnurre- oder Frisiamühle mit Muschelmuseum
Gnurre or Frisia Wind Mill with Seashell Museum
20 Deichmühle
Dike Wind Mill
21 Alte Hafenmeisterei
Old Harbour Office
22 Altes Zollhaus
Old Customs House
23 Fridericussiel
Fridericus Sluice
24 Maritim-Museum (Schiffsmodelle, Buddelschiffe)
Maritim-Museum (Model ships, ships in bottles)
25 Nationalparkhaus/National-Park Centre
26 Seehundaufzucht- und Forschungsstation
Seal Care and Research station

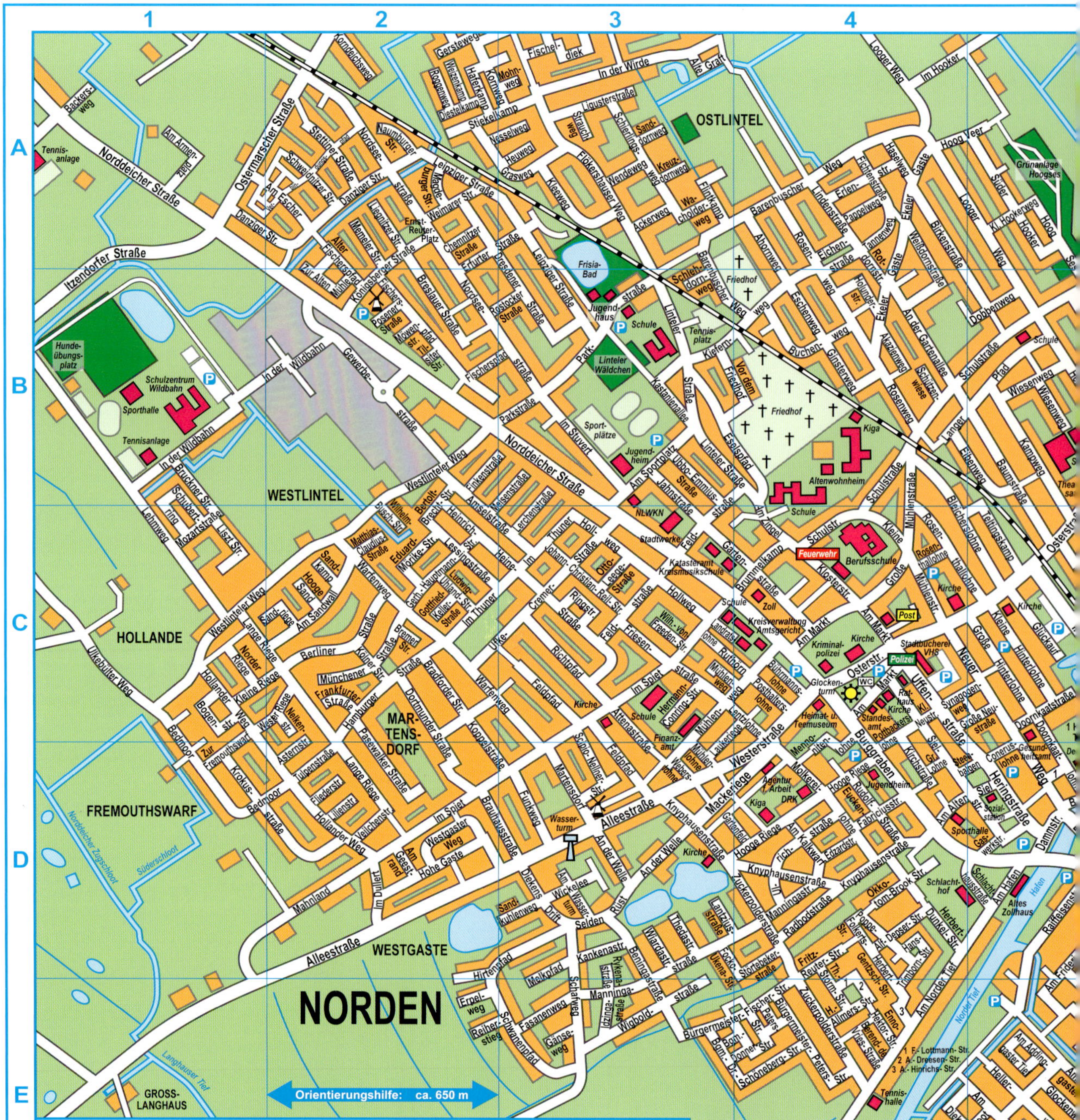
1
2
3
4
A
B
C
D
E
NORDEN
OSTLINTEL
WESTLINTEL
HOLLANDE
FREMOUTHSWARF
MAR-
TENS-
DORF
WESTGASTE
GROSS-
LANGHAUS
SÜDERNEULAND I
Norddeicher Straße
Itzendorfer Straße
Alleestraße
Orientierungshilfe: ca. 650 m

Stadtplan

Citymap

Herbert- Dunkel- Straße....... D4
Herb.- Gentzsch- Str. ... D4 - E4
Heringstraße........................ D5
Hermann- Allmers- Str. E4
Hermann- Conring- Str. C3
Heuweg.............................. A3
Hirtenpfad.................... D2 - D3
Hohe Gaste......................... D2
Hollander Weg............ C1 - D2
Hollweg.............................. C3
Holunderstraße.................... B4
Hoog Ses..................... A5 - B5
Hoog Veer.................... A4 - A5
Hooge Riege........................ D4
Hooge Thun......................... D5
Hooge Sand......................... C2
Huntestraße......................... C7
Idzingastraße..................... E3
Im Dullert............................ D2
Im Hooker.................... A4 - A5
Im Horst...................... C5 - D5
Im Spiet....................... C3 - D2
Im Stuvert........................... B3
Im Thuner.................... C2 - D3
Im Winkel............................ E6
In der Gnurre....................... D5
In der Wildbahn........... B1 - B2
In der Wirde........................ A3
Itzendorfer Straße......... A1 - B1
Jadestraße......................... C7
Jägerpfad............................ B5
Jahnstraße.................. B3 - C3
Joh.- Christian- Reil- Str. C3
Juister Straße.............. B5 - C5
Kampweg.................... B5 - C5
Kankenastraße..................... D3
Kastanienallee..................... B3
Kiefernweg.................. B3 - B4
Kirchpfad..................... C6 - D6
Kirchstraße.................. C4 - D4
Kleeweg.............................. A3
Kleine Hinterlohne............... C5
Kleine Mühlenstraße............ C4
Kleine Neustraße................. C4
Kleine Riege................ C1 - C2
Kleiner Hookerweg.............. A5
Klosterstraße...................... C4
Knyphausenstraße....... D3 - D4
Kölner Straße...................... C2
Königsberger Straße.... A2 - B2
Kolkbrücker Weg......... B7 - C8
Kolklandstraße.................... D6
Koppelstraße............... C2 - D3
Korndeichsweg.................... A2
Kornweg..................... A2 - A3
Kreuzdornweg..................... A3
Krokusstraße............... D1 - D2
Kurzer Weg......................... C5
Lahnstraße.......................... D7
Landratslohne...................... C3
Lange Riege................. C1 - D2
Langer Pfad................. B4 - B5
Lantziusstraße..................... D3
Laukeriege.................. C4 - D3
Ledastraße.......................... C7
Lehmweg..................... B1 - C1
Leinestraße......................... C7
Leipziger Straße.......... A2 - B3
Lentzlohne.......................... C4
Lerchenstraße............. B3 - C3
Lessingstraße...................... C2
Liegnitzer Straße................. A2
Ligusterstraße..................... A3
Lilienstraße......................... D2
Lindenstraße....................... A4
Linteler Straße............ B3 - B4
Lippestraße......................... C7
Liszt Straße......................... C1
Looger Weg................. A4 - B5
Ludwig- Uhland- Straße...... C2
Mackeriege................. D3 - D4
Magdeburger Straße........... A2
Mahnland.................... D1 - D2
Manningastraße........... D4 - E3
Martensdorf........................ D3
Matthias- Claudius- Str. C2
Meisenstraße............... B3 - C2
Melkpfad..................... D3 - E3
Memeler Straße................... A2
Mennonitenlohne.......... C4 - D4
Mittelstraße.................. E5 - E6
Möwenstraße....................... B2
Mohnweg............................ A3
Molkereilohne...................... D4
Molkereistraße..................... D6
Moosweg............................. B5
Mozartstraße....................... C1
Mühlenlohne........................ D3
Mühlenweg.................. C4 - D3
Münchner Straße................. C2
Naumburger Straße............ A2
Neißestraße................. C7 - D7
Nelkenstraße........................ C2
Nesselweg................... A2 - A3
Neuer Weg................... C4 - D5
Norddeicher Straße...... A1 - C4
Norderneyer Straße............. C5
Norder Riege....................... C1
Nordseestraße.............. A2- B3
Nordweg...................... D5 - E5
Normannenweg.................... C7
Oderstraße.......................... C7
Ölmühlenweg....................... D6
Okko- tom- Brook- Str. D4
Ostermarscher Str. ...... A1 - A2
Osterstraße.................. B6 - C4
Ostertogstraße..................... C6
Ostweg................................ D5
Otto- Leege- Straße............ C3
Pappelweg........................... A4
Parkstraße........................... B3
Pasewalker Straße....... C2 - D2
Poggenpoller........................ D6
Poppe- Folkerts- Straße....... D4
Posener Straße.................... B2
Posthalterslohne.................. C4
Pottbackerslohne......... C4 - D4
Radbodstraße...................... D4
Raiffeisenstraße........... D5 - E5
Reiherstieg........................... E2
Rembertistraße.................... C6
Rheinstraße......................... C7
Richtpfad............................. C3
Ringstraße........................... C3
Rispenweg........................... F5
Roggenweg.......................... A2
Rosenthallohne............ C4 - C5
Rosenweg.................... A4 - B4
Rostocker Straße.......... B2 - B3
Rotdornstraße.............. A4 - B4
Rudolf- Eucken- Straße....... D4
Rüskenpadd................. E5 - F5
Ruhrstraße................... C7 - D7
Ruthörn....................... C3 - C4
Rykenastraße............... D3 - E3
Sanddornweg....................... A3
Sandkamp............................ C2
Sandkuhlenweg.................... D3
Sandriege..................... C1 - C2
Sattlerstraße......................... F6
Schafweg..................... D3 - E3
Schierlingsweg..................... A3
Schilfweg.............................. B5
Schlachthausstraße..... D4 - D5
Schlehdornweg.................... B3
Schmiedestraße................... E6
Schubertring................. B1 - C1
Schützenstraße.................... B5
Schützenwiese..................... B4
Schulpfad............................. E5
Schulstraße.................. B5 - C4
Schwanenpfad............. E2 - E3
Schweidnitzerstraße............ A2
Scipio- Nellner- Str. ..... C3 - D3
Seggenpadd......................... F5
Seilerstraße.................. F6 - F7
Selden Rüst......................... D3
Siedland............................... F5
Siedlungsweg............... E5 - F6
Sielstraße..................... C4 - D5
Spreestraße......................... C7
Steenbalgen................. D4 - D5
Stellmacherstraße................ F6
Stettiner Straße.................... A2
Stiekelkamp................. A2 - A3
Stoppelweide........................ F5
Störtebekerstraße................ D4
Strauchweg.......................... A3
Südstraße............................ E5
Süder Hooker....................... A5
Synagogenweg............ C4 - C5
Tannenweg........................... A4
Teltingskamp....................... C5
Thedastraße......................... D3
Theodor- Storm- Str. ... D4 - E4
Tidofeld................................ C7
Tilsiter Straße....................... B2
Tulpenstraße........................ D2
Ubbo- Emmius- Straße........ B3
Ülkebülter Weg.................... C1
Uferstraße............................ C5
Uffenstraße.................. C4 - D5
Ufke- Cremer- Str. .... C2 - D3
Ulrichstraße......................... D4
Veilchenstraße...................... D2
Verbindungspfad.......... A1 - A2
Verschönerungsweg..... D6 - E6
Voßbarg................................ A6
Vor dem Friedhof.......... B3 - B4
Wacholderweg.................... A3
Waldstraße.................. D6 - E6
Warfenweg.................. C2 - C3
Weberslohne........................ D3
Weberstraße......................... F6
Weidenweg........................... B5
Weimarer Straße.................. A2
Weizenkamp......................... A2
Weißdornstraße............ A4 - B4
Wendeweg............................ A3
Werrastraße......................... C7
Weserstraße......................... C7
Westekelbur................. C6 - C7
Wester Riege................ C1 - C2
Westerstraße............... C4 - D3
Westgaster Weg................... D2
Westlinteler Weg.......... B2 - C1
Westweg...................... D5 - E5
Wiardastraße........................ D3
Wickelee............................... D3
Wiesenweg........................... B5
Wigboldstraße....................... E4
Wikingerweg................. B7 - C7
Wilhelm- Busch- Straße....... C2
Wilh.- von- Freeden- Str. C3
Wurzeldeicher Str. .... E6 - F5
Zinngießerstraße.................. F6
Zuckerpolder Straße..... D2 - E4
Zum Galgentief..................... D5
Zum Hexenkolk..................... C6
Zum Hirtenhaus.................... E6
Zur Addinggaste................... E5
Zur alten Mühle............ A2 - B2
Zur Fremouthwarf......... C1 - D1
Zur Kolkbrügge..................... B6

Stand 2009

In Norden trifft man nicht nur auf die Nordsee, sondern auch auf viele andere kleine und größere Gewässer.

Besides the North Sea, there are several other small and big ponds and waters.

Quellen

Silke Arends / Martin Stromann: Töwerland / Zauberland / Juist, Norden 2006 (SKN)

Karl Ernst Behre / Hajo van Lengen (Hg.): Ostfriesland. Geschichte und Gestalt einer Kulturlandschaft, Aurich 1995

Heinz Busching: Norderney und das Meer, Norden 1996 (SKN)

Bernd Flessner / Martin Stromann: Greetsiel – Ein weltbekanntes Dorf, Norden 2003 (SKN)

Bernd Flessner / Martin Stromann: Deich in Sicht! Eine Entdeckungsreise entlang des Weltnaturerbes Wattenmeer, Norden 2010 (SKN)

Bernd Flessner / Martin Stromann: Raritäten im Wind. Mühlenlandschaft Ostfriesland, Norden 2011 (SKN)

Johann Haddinga / Martin Stromann: Norden-Norddeich. Eine ostfriesische Küstenstadt stellt sich vor, Norden 2001 (SKN)

Johann Haddinga: Sommer an der See – Badeleben in Norden-Norddeich, Norden 2007/2010 (SKN)

Wolfgang Heilscher: Land im Seewind. Vom Jadebusen bis zum Dollart, Bremerhaven 1977

Theodor Janssen: Die Leybucht. Natur- und Küstenschutz, Eine Dokumentation, o. O, o. J.

Werner Jürgens: Komm, wir geh´n zu Meta …, Norden 2000 (SKN)

Arend W. Lang: Kleine Kartengeschichte zwischen Ems und Jade, Norden 1962/1995 (SKN)

Eberhard Rack: Landeskunde Ostfriesland, Norden 1974

Reinhard Ruge: Die Ludgerikirche zu Norden, Norden 2000

SKN / Stadt Norden (Hg.): Wir in Norden. Bilder einer Stadt. Ein Rückblick auf das große Jubiläumsjahr, Norden 2006 (SKN)

Rolf Uphoff: Die Deicher, Oldenburg 1995

u. a.

Am Norder Tief bei Leybuchtsiel.

The Norder Tief at Leybuchtsiel.